OBERT 1965

LE LIEN CONJUGAL

ET

LE DIVORCE

MŒURS ISRAÉLITES ET MŒURS PAIENNES

PAR

Jules CAUVIÈRE

ANCIEN MAGISTRAT, PROFESSEUR A L'INSTITUT CATHOLIQUE DE PARIS

PARIS

ERNEST THORIN, ÉDITEUR

Libraire du Collège de France, de l'École normale supérieure,
des Écoles françaises d'Athènes et de Rome
de la Société des Etudes historiques

7, RUE DE MÉDICIS, 7

1890

LE

LIEN CONJUGAL

ET

LE DIVORCE

TOULOUSE. — IMP. A. CHAUVIN ET FILS, RUE DES SALENQUES, 28.

LE
LIEN CONJUGAL

ET

LE DIVORCE

MŒURS ISRAÉLITES ET MŒURS PAIENNES

PAR

Jules CAUVIÈRE

ANCIEN MAGISTRAT, PROFESSEUR A L'INSTITUT CATHOLIQUE DE PARIS

PARIS

ERNEST THORIN, ÉDITEUR

Libraire du Collège de France, de l'École normale supérieure,
des Écoles françaises d'Athènes et de Rome
de la Société des Etudes historiques

7, RUE DE MÉDICIS, 7

1890

LE
LIEN CONJUGAL ET LE DIVORCE

MŒURS ISRAÉLITES ET MŒURS PAIENNES

I

Même sous le régime de la loi naturelle et en faisant abstraction de l'idée de sacrement, on doit dire que le mariage est, en principe, indissoluble. Tout concourt à le démontrer : l'intention des conjoints au moment où ils se jurent une foi inviolable, leur intérêt sainement entendu, car la perspective du divorce suffit à troubler la paix de leur ménage et à envenimer leurs dissentiments (1). L'intérêt des enfants n'offre pas un argument moins pressant. Enfin il convient d'invoquer le caractère religieux, le sceau durable et solennel qui sont imprimés au mariage, dans tous les temps, sous tous les cieux, chez les païens ou les chrétiens, dans les coutumes brahmaniques comme dans les mœurs des peuplades mexicaines, révélées à l'Europe au seizième siècle (2).

(1) Ce point de vue frappait déjà Denys d'Halicarnasse. *Antiq. rom.*, c. IX.

(2) Citons seulement *Tobie*, VII, 15; *Ruth*, IV, 11. — Athénée, *Deipnosoph.*, l. V, c. I, p. 85. Lyon, 1612. — Virgile, *Aeneid.*, IV, v. 57-59. — Claudien, *Idyll.*, v. 75 s. — Seneq. Trag., *Octavie*, acte IV, scène I. — Valerius Flaccus, *Argonaut.*, VIII, v. 243 s., qui rappelle évidemment les usages grecs. — Lucain, *Phars.*, II, v. 350, représentant le second mariage de Caton d'Utique. — *Quæst. rom.*, II (Œuv. de Plut., t. III, p. 326, Didot). — Varro, *De re rust.*, II, 4. — *Rig-Véda*, VIII, st. 36 et 38, p. 565, 2e éd., trad. Langlois. — *Gâtha Vahistoisti*, III, *Zend-Avesta*, p. 366, trad. de Harlez, — *Kia-li*, livre des rites domestiques chinois, de Tchou-hi, c. VII, p. 57 à 68, trad. de Harlez, 1889, — enfin, les monuments figurés décrits par Rossbach : *Rœmische Hochzeits und Ehe Denkmaeler*, Leipsick, 1871 (V. notamment p. 37, 105, 165). — Cf. les peintures aztèques de la collection de Mendoza dans Augustine Aylio : *Antiquities of Mexico*, t. I, et le texte, t. VI, p. 62 à 64, London, 1831. — V. aussi l'exposé des motifs présenté par Portalis, séance du 16 ventose, an XI, et le discours du tribun Boutteville sur la loi relative au mariage, séance du 26 vent. même année (Fenet, t. IX,

On pourrait ajouter d'autres raisons pour soustraire le lien conjugal à toute rupture fondée sur la volonté changeante des époux ou les épreuves engendrées par la vie commune. La morale souffre des calculs adultères favorisés par le divorce (1); l'égalité s'offense de l'avenir si dissemblable que la répudiation fait à la femme et au mari, le mari sortant de l'union conjugale avec tous ses avantages, la femme ne recouvrant rien que la dot qu'elle a portée. Mais ces considérations sont du domaine de la morale plutôt que de l'histoire; elles ne doivent occuper dans notre travail qu'une place secondaire; elles s'offriront d'ailleurs comme une conséquence des faits que nous avons à présenter (2).

Pour achever de poser les règles du contrat naturel de mariage, disons que l'indissolubilité n'est pas de son essence; dans de graves conjonctures, Dieu a permis d'y déroger. C'est ce qu'indique le Sauveur des hommes aux Pharisiens lui représentant que Moïse avait permis le divorce : *Ad duritiam cordis vestri scripsit vobis præceptum istud* (3).

Au motif tiré de l'esprit charnel des Israélites, nous joindrions volontiers celui que Tertullien juge propre à justifier la polygamie dans les temps antiques (4) : il fallait multiplier la race

---

p. 141 et 198). Montesquieu avait déjà dit : « Il est arrivé que, dans tous les pays et dans tous les temps, la religion s'est mêlée des mariages. » (*Esprit des Lois*, XXVI, 13.) Le caractère que revêt l'union nuptiale chez les peuples non chrétiens a été rappelé par l'Encyclique *Arcanum divinæ sapientiæ*, du 10 février 1880. (*S. D. N. Leonis Papae XIII allocutiones*, vol. 1, p. 124-125. — Bruges et Lille, 1887.)

(1) Le poète Guichard, en 1797, qualifiait le divorce de *sacrement de l'adultère*. Tel est le dire de M. Ed. Fournier (l'*Esprit dans l'Histoire*, p. 427, 5ᵉ éd.), qui renvoie au *Journal de Paris*, février 1797. Nous y avons vainement cherché le mot cité.

(2) Certains écrivains, étrangers ou même hostiles aux idées chrétiennes, n'ont pas été les adversaires les moins énergiques du divorce. Nous renverrons seulement à David Hume, *The philosophical works : Essay XIX*, vol. III, p. 214 et s., Edimbourg, 1826, et à Aug. Comte, *Cours de philosophie positive*, t. V, p. 310 et s., 481 et s. Baillière, 1869.

(3) *Marc*, X, 2 à 12. Cf. *Matth.*, XIX, 3 à 9. Notre doctrine se concilie très bien avec le *Syllabus*, où Pie IX rappelle (nᵒ 67), la proposition condamnée : *Jure naturæ matrimonii vinculum non est indissolubile.*

(4) En effet le divorce a été nommé une *polygamie successive*. V. *De monogamia*, VII, éd. Rigault, Paris, 1634, p. 678ᶜ. — *De exhort. cast.*, VI, p. 668ᵃ. Cf. Magist. in 1 *Sent.*, lib. IV, dist. XXXIII (*Petri Lombardi sent.* Migne, *Patr. lat.*, t. CXCII, c. 924). — *Summa*, 3ᵉ p., q. 65, art. 2, t. VI, p. 164 (*D. Thomae Aquin.*,

des serviteurs de Dieu (1). Et cependant, en dépit de cette grave raison, le divorce n'était point connu dans la pureté de l'institution primitive : *Ab initio non fuit sic* (2). La Genèse le disait déjà implicitement (3), et le concile de Trente le rappelle (4). La même idée est présentée avec force par deux écrivains ecclésiastiques, Athénagore (5) et Astérius (6).

II

Les réserves que comporte le principe de l'indissolubilité expliquent suffisamment que le divorce ait été toléré chez les Juifs. Ce n'est pas, à notre avis, que Moïse l'ait admis au for extérieur seulement, en laissant subsister la prohibition en conscience (7). Ce n'est pas davantage, comme on l'a dit encore, que le mari, qui pouvait vouer la femme adultère à la mort (8), ait puisé dans ce droit rigoureux la faculté de lui infliger une séparation moins cruelle. Outre que les arguments

opera omnia, éd. Vivès). — *Add.* S. Augustin (*De bono conjug.*, XV, XVII, XVIII), qui voit, en outre, dans la polygamie, une institution prophétique destinée à figurer les temps futurs. Ne peut-on dire enfin qu'elle a été, comme le divorce, une concession aux idées de l'antiquité, qui assignait au mariage une fin impérieuse et, pour ainsi dire, unique : la propagation de la race? Voyez Gide, *Condition de la femme*, 1ʳᵉ édit., p. 193.

(1) V. en ce sens encore M. de Bonald, *Du divorce*, p. 126, éd. 1805. — Parmi les raisons que donne Salvador (*Hist. des institutions de Moïse*, t. II, ch. II, p. 368 et suiv.), il y a un choix rigoureux à faire.

(2) *Matth.*, XIX, 8.

(3) *Gen.*, II, 24 : *Et erunt duo in carne una.*

(4) Sessio 24, cap. *doctrin. de sacram. matrim.*

(5) *Leg.*, § 33, Migne, *Patr. gr.*, t. VI, c. 965, 968.

(6) *An liceat homini dimittere uxorem* (S. Aster. homil., p. 833 s., éd. 1661). Cet auteur erre, d'ailleurs, sur d'autres points.

(7) Cette doctrine, enseignée par un certain nombre d'auteurs anciens, se réfléchit encore dans l'*Encyclop. du dix-neuvième siècle*, V° *Divorce*. — M. de Bonald (p. 128) inclinerait à voir ici une simple *séparation de corps*. — S. Thomas, 3ᵉ part., q. 67, art. 3, t. VI, p. 176, estime que le divorce était permis au for intérieur. Sans cela, il faudrait supposer que le législateur avait négligé d'instruire les Juifs de leur devoir. V., dans le même sens, la solide argumentation de Bellarmin (*De matrim. sacram.*, lib. I, cap. XVII, t. III, p. 1361, éd. de Milan).

(8) *Levit.*, XX, 10; *Deut.*, XXII, 22. — Le droit criminel, plus exigeant que le droit civil, voulait qu'on eût averti la délinquante et que le fait fût prouvé par deux témoins. En réalité, la peine de mort a été plutôt comminatoire, chez les Hébreux. Cf. Munk, *Palestine*, p. 214, et Lightfoot, *Horae hebraicae*, p. 401, Leipsick, 1675.

à *fortiori* ne sont pas de mise en matière pénale, on courrait, en les invoquant ici, le danger de donner à la répudiation une base trop étroite, et d'absoudre le mari, dans le cas seulement où son épouse l'aurait trompé. Est-il plus vrai de dire avec d'autres auteurs que le code mosaïque voulait, en admettant le divorce, sauver la femme dont le mari connaissait l'infidélité, et la préserver de la peine capitale à laquelle de nouveaux adultères, constatés selon les formes, l'auraient exposée dans l'avenir? Cette pensée compatissante était digne du législateur des Hébreux; elle est cependant empreinte d'un caractère trop conjectural (1).

Il est un fait certain, reconnu des adversaires mêmes de la Révélation, c'est qu'aucune législation antique n'a, plus que la loi hébraïque, honoré le mariage. Moïse, inspiré de Dieu, a fait de la femme, non la propriété ou la servante, mais la compagne même de l'homme (2). Les mœurs d'un peuple indiscipliné ont pu le déterminer à admettre le divorce; il ne leur a pas refusé cette facilité que les Juifs voyaient en usage chez les Orientaux d'alentour, mais le droit de répudiation devait être exercé avec mesure, et rien n'était laissé au caprice des époux.

Le congé peut être signifié à la femme qui ne trouve pas grâce aux yeux de son mari et en qui il a reconnu quelque chose de honteux : Ἄσχημον πρᾶγμα. (3). Telle paraît être la traduction du texte hébraïque sur lequel on dispute, en se demandant s'il est question d'un défaut physique ou moral (4).

---

(1) S. Jérôme (*Comm. in Matth.*, III, 19, t. IV, p. 87, éd. Paris, 1706) croit que le divorce a été admis pour donner la sécurité et le repos à la femme que son mari voulait, à tout prix, remplacer. — Cf. Pierre Lombard (*op. laud.*, in 3 *sent.*, t. II, p. 926), disant que Dieu permit le divorce « *non ut concederetur desiderium, sed ut tolleretur homicidium. Permisit fieri mala ne fierent pejora, et, hoc permittendo, non Dei justitiam demonstravit, sed in peccatore minuit culpam.* » — V. aussi Lighfoot, p. 400.

(2) *Gen.*, II, 24, cité p. 3, note 3. Voy. aussi la sollicitude de la loi pour tirer de sa position la femme vendue ou conquise comme esclave (*Exod.*, XXI, 7 à 11; *Deut.*, XXI, 10 à 14).

(3) *Deuter.*, XXIV, 1 : « *Si acceperit homo uxorem et habuerit eam et non invenerit gratiam ante oculos ejus propter aliquam fœditatem, scribet libellum repudii et dabit in manu illius et dimittet eam de domo sua.* »

(4) Les *Septante* entendent : une action honteuse. Tertullien (*Adv. Marcion.* IV, 34, p. 557) lit : *impudicum negotium.* De bons commentateurs donnent au

L'adultère de la femme est éminemment un cas de divorce, et, par la suite, les docteurs juifs, dont l'opinion se réfléchit aux Proverbes (1), défendront au mari de garder l'épouse coupable (2). La jeune fille, qu'on avait crue vierge en l'épousant et qui ne l'était pas, était vouée à la mort (3), mais, en pratique, cette peine faisait place à la répudiation.

La jurisprudence, qui s'établit graduellement, permit de divorcer à la suite de certains manquements de la femme au devoir, de certains faits rendant la vie commune insupportable ou dangereuse (4). Il faut compter la stérilité au nombre des cas prévus (5). Le détail de ces cas serait fastidieux et inutile (6). Bornons-nous à remarquer que de nombreux obstacles furent apportés à la rupture du lien conjugal, par les formalités à remplir ou les conséquences fâcheuses à craindre. Un acte, *libellus repudii*, dut être dressé (7). On en a conservé le modèle

mot un sens large. Les casuistes hébreux étaient surtout coulants quand il s'agissait de répudier une femme mariée en secondes noces. V. Buxtorf, *Dissertatio de sponsalibus et divortiis*, p. 91. Bâle, 1652.

(1) *Prov.*, XVIII, 22 : « ... *Qui autem tenet adulteram (mulierem) stultus est et impius.* » — On trouvera ce passage dans les Septante et la Vulgate.

(2) *Talmud de Jérusalem*, trad. par Schwab, t. VII, p. 291 (Traité Sota, VI, 1).

(3) *Deut.*, XXII, 20, 21. Ce texte suppose, au dire des rabbins, une faute commise entre ce qu'on nomme habituellement les fiançailles et le mariage. Peut-être vaut-il mieux dire entre le *matrimonium ratum* et le *matrimonium consummatum*. L'intervalle était d'un an, que la femme passait chez ses parents. V. Rabbinowicz, *Législation civile du Talmud*, introd., p. XXVI, XXVII. Cf. Munk, p. 203. Le châtiment n'est, d'ailleurs, infligé que dans des limites d'âge et sous des conditions très étroites. V. Selden, *Uxor Ebraica*, p. 227 et 234. — Il est curieux de rapprocher de la loi juive les dispositions du droit romain relativement à l'infidélité de la fiancée, Papin., 11, § 7. — Ulp., 13, §§ 3 et 8, D., *Ad. leg. Jul. de adult.*, 48. 5. — Alex., 7, Cod. *eod. tit.*, 9, 9.

(4) Consult., sur la lèpre envisagée comme cause de divorce, *Talmud* : Kéthouboth, VII, 9, trad. Schwab, t. VIII, p. 100, et Gittin, 1. 2 et 3, t. VIII, p. 251 s.

(5) Tacite peint, entr'autres choses, le désir d'une nombreuse famille qui dominait chez les juifs : *generandi amor et moriendi contemptus* (*Hist.*, V, 5, t. III, p. 510, éd. Lemaire). Ils étaient d'ailleurs entourés d'ennemis et l'affluence de la population était pour eux une nécessité de défense. V. encore *Malach.*, II, 15.

(6) Consult. Kéthouboth, VII, 6 et s., trad. t. VIII, p. 94 s.

(7) *Deuter.*, XXIV, et s. — L'exégèse protestante voit ici, comme nous, une entrave calculée apportée à la facilité des répudiations. Cf. *Real-Encyklopädie für protestantische Theologie und Kirche*, t. IV, p. 60. Leipsick, 1879. — Salvador (*op. laud.*, p. 383) remarque, avec les rabbins, que ces formalités laissaient place à la réflexion, et par conséquent à l'espoir d'une réconciliation des époux.

surchargé des observances minutieuses qui y furent ajoutées avec le temps (1). Cet écrit est habituellement rédigé par un scribe, signé par deux témoins et remis à la femme ou à son fondé de pouvoir. Celle-ci est libre de se remarier au bout de trois mois, délai qui lui est imposé pour prévenir la confusion de part. Les enfants en bas âge restent entre ses mains, mais le père doit subvenir à leurs besoins (2).

Selon la prescription de Moïse, le mari qui renvoyait sa femme *ob fœditatem* ne pouvait la reprendre, lorsque cette femme, remariée après le divorce, venait à perdre son second époux (3). Cette loi, dont l'esprit apparaît bien dans l'hébreu (nous ne disons pas dans la Vulgate), respire moins la réprobation du convol que la crainte de voir un divorce momentané dissimuler un adultère. Il est vrai qu'elle semble aggraver le mal de la répudiation en le rendant irréparable. Au fond, elle tend à le conjurer. Les rédacteurs du Code civil ont fait jouer, eux aussi, le ressort d'une crainte préventive, en déclarant aux époux divorcés qu'ils ne pourraient plus se réunir (4). Le droit intermédiaire n'avait pas fait le même calcul (5).

Si les Juifs eurent de bonne heure la facilité de divorcer, le divorce mit longtemps, semble-t-il, à s'acclimater dans les mœurs (6). L'ancienne synagogue, de Moïse à la captivité de Ba-

---

(1) Mischna, Gittin, IX. — V. cet acte dans Lighfoot, *op. laud.* : *In Evang. Matth.*, V, 31, p. 277. Buxtorf (*Synagoga judaica*, p. 643. Bâle, 1680) ajoute que les formalités ont été simplifiées dans le cas particulier d'adultère.

(2) Gittin, IX, 1, trad., t. IX, p. 70 s. ; cf. Selden, p. 372. — Nous n'avons pas mentionné deux cas exceptionnels où la répudiation est interdite : c'est lorsque le mari a dû épouser une malheureuse fille qu'il avait violée, et lorsque, après les noces, il a calomnié l'innocence de sa jeune femme (*Deut.*, XXII, 13 à 19, 28, 29). Dans ces deux circonstances, l'épouse répudiée aurait difficilement trouvé à se remarier. — Dans le dernier cas, au dire de Josèphe (*Antiq.*, IV, 8, t. I, p. 241, éd. d'Haverc.), le droit commun reprendrait son cours, si les griefs du mari avaient un grand poids et une évidence incontestable.

(3) *Deuteron.*, XXIV, 4. Cf. *Jérémie*, III, 1.

(4) Art. 295, *cod. civ.* Cette disposition est critiquable sous la loi chrétienne, qui proclame l'indissolubilité absolue du mariage. — Cf. Bellarmin, *loc. laud.*

(5) Loi du 20 sept. 1792, § III, art. 2 et 3.

(6) Quand David prit Abisag, il n'eût pas la permission de répudier une de ses femmes pour donner la place vacante à la Sulamite. Voy. les textes hébraïques auxquels renvoie Selden, p. 314. Le même auteur (p. 319 et suiv.) cite, d'ailleurs, un fait caractéristique datant de cette époque. Les soldats, au moment d'entrer en campagne, remettaient, en prévision de leur mort ou de leur chute en captivité, la lettre de divorce à leurs épouses. Cette répudiation, qui

bylone, envisage la répudiation avec une défaveur marquée (1).
Mais, après leur retour dans leur patrie, les Israélites renvoyèrent souvent leurs femmes pour s'unir à des païennes qui, sur
l'ordre d'Esdras, durent être congédiées à leur tour. En vain
les prophètes élevaient-ils la voix (2) ; en vain Malachie citait-il
l'exemple d'Abraham qui avait gardé Sara, quoiqu'elle fût
stérile (3). La licence des mœurs rompait toutes les digues.
On remarque cependant, même dans les dernières années, de
louables efforts de réaction.

Du temps de Salomé, sœur d'Hérode le Grand, une indemnité
pécuniaire était régulièrement comptée à l'épouse innocente
congédiée (4). D'autre part, on vit Schammaï, second chef du
sanhédrin, qui enseignait avant l'ère chrétienne (5), restreindre
le divorce au cas d'adultère, crime qu'il entendait sous le mot
fœditas (6). Mais plusieurs de ses contemporains favorisaient le
débordement par une interprétation opposée. Le fameux Hillel,
son maître, permettait, paraît-il, de renvoyer la femme qui avait

ne devait point valoir, s'ils revenaient du combat, avait, dans le cas contraire,
un effet rétroactif. L'épouse du captif devait toutefois attendre trois ans avant
de convoler. *Vid. tam.* Menochius, *De rep. Hebr.*, IV, 16. Urie, mari de Bethsabée, avait fait, disent les rabbins, une répudiation anticipée. Cela encouragea
David à favoriser sa mort, la rétroactivité du divorce sauvant le prince de l'inculpation d'adultère.

(1) *Lévit.*, XXI, 7, 14 ; *Ezéch.*, XLIV, 22.

(2) *Malach.*, II, 11 à 16. Nous entendons le dernier des petits prophètes
comme le faisait la synagogue, qui y lisait la censure du divorce. V. les autorités citées par Drach : *Du divorce dans la synagogue*, p. 30 s.

(3) Il est vrai qu'Abraham a renvoyé Agar, mais rien n'indique qu'il l'ait remplacée. Il agit, d'ailleurs, malgré lui et pour obéir à l'injonction divine (*Gen.*,
XXI, 12). Disons enfin, quoique la Vulgate emploie le mot d'*uxor* (Gen., XVI, 3),
qu'Agar était une conjointe du second rang, telle qu'on pouvait en voir chez
les Juifs et chez d'autres peuples, en l'absence ou à côté même de l'épouse
principale. Ce cumul est un fait distinct de la polygamie proprement dite (πολὺ
γάμος), qui suppose pluralité d'*uxores*, et qui est mentionnée, d'ailleurs, par la
Genèse (XXXII, 22) et le Deutéronome (XXI, 15 à 17). Elle n'a guère été pratiquée dans le peuple, et elle a disparu sous les empereurs chrétiens. V. Selden,
p. 50.

(4) Kethouboth, trad., t. VIII, p. 7, 49, 124. — C'est une sorte de douaire qui
porte le nom de *Kéthoubah*. Quant aux biens qu'avait la femme au moment
du mariage ou qui lui sont advenus depuis, restitution lui en est faite. On
peut voir dans Salvador, p. 454, la formule de l'engagement du mari.

(5) *Hieron.*; ad Isa., III, 8. Migne, *Patr. lat.*, t. XXIV, c. 119. *Add.* la note
de l'éditeur.

(6) Mischna, Gittin, IX. V. Schwab, t. IX, p. 82. — Cf. Sota, t. VII, p. 222.

mal préparé un plat ou laissé brûler le rôti (1). La question insidieuse que les Pharisiens posèrent au divin Maître, lui demandant si l'on pouvait répudier son épouse pour quelque cause que ce fût (2), réfléchissait l'opinion des Juifs de la secte des Hellénistes. Quelques années encore, et un des interprètes les plus célèbres de la loi, Rabbi Akiba, qui mourut sous le règne d'Hadrien et compta, dit-on, des milliers de disciples, excusait le mari qui avait trouvé une femme plus belle que la sienne (3). Akiba invoquait, comme les Hillélistes, le Deutéronome (4), et il y lisait, à son tour, deux cas de divorce et non pas un seul : 1° Si l'épouse ne trouve pas grâce aux yeux de son époux ; 2° S'il découvre en elle quelque chose de honteux.

Les excès du pouvoir marital, peut-être aussi l'exemple des mœurs romaines, déterminèrent la jurisprudence à admettre la réciprocité du droit de répudiation. Un jour vint où la femme put se réclamer des épreuves qu'elle avait endurées de la part de son conjoint (5), et de ce nombre étaient l'inconduite prolongée et les sévices corporels. Un cas remarquable de divorce fut celui de la cruelle Salomé, qui renvoya Costobare, administrateur de l'Idumée et de Gaza. L'historien Josèphe la blâme d'avoir rompu avec la règle antique pour se conformer aux nouvelles mœurs (6).

Le divorce n'a pas fait fleurir la moralité chez les Juifs. Dans les derniers temps, l'adultère était devenu si fréquent

---

(1) Gittin, IX, 10 ; Sota, trad., t. VII, p. 223.

(2) *Matth.*, XIX, 3 : *Si licet homini dimittere uxorem suam quacumque ex causa?*

(3) Gittin, IX, 10.

(4) *Deuter.*, XXIV, 1, cité p. 4, note 3 *suprà.*

(5) Kethouboth, IX, 9, trad., t. VIII, p. 124. — Rapprochez-en l'Evangile de saint Marc, X, 12 : *Et si uxor dimiserit virum suum et alii nupserit, mœchatur.* — Avant ce changement, la jurisprudence israélite a dû se prêter maintes fois au vœu de la femme et imposer au mari la séparation : c'est quand il se trouvait dans le cas d'une infirmité ou d'occupations repoussantes, de lèpre, d'impuissance, d'apostasie. V. Buxtorf, *De sponsal.*, p. 94, 96, 97, qui renvoie aux sources rabbiniques. Cf. Selden, p. 309.

(6) *Antiq.*, XV, 7, 10, t. I, p. 764-765. Il faut remarquer, avec Selden (p. 316.), que Salomé n'était pas Israélite, au moins d'origine, et que Costobare était Iduméen. — Quoique n'étant pas Juive non plus (Selden, *ibid.*), Hérodiade encourt les reproches de Josèphe, pour avoir, dit-il, contrevenu aux lois de son pays, en épousant, après divorce, le frère germain de son mari (*Antiq.*, XVIII, 5, 4, t. I, p. 885. Cf. *Matth.*, XIV, 1 à 12 ; *Marc*, VI, 14 à 29).

que le sanhédrin supprima l'épreuve consistant dans la *boisson des eaux amères* (1). On y prenait le Ciel pour juge de la conduite de la femme soupçonnée par son mari. L'épreuve avait lieu par le ministère du *sacerdos*, à la requête de l'époux (2).

III

Nous ne parlerons pas des pays où régna sans frein la polygamie, de ceux où la prostitution était universellement honorée, de ceux enfin où se pratiquait la communauté des femmes ; ce n'est point là qu'il faut chercher les règles protectrices de la stabilité des mariages. Chez les peuples adonnés à des mœurs moins grossières, signalons un trait caractéristique. Les lois posent que la stérilité de la femme est un cas donnant ouverture au divorce (3). A leurs yeux, l'unique fin du mariage réside dans la procréation des enfants, la continuation du culte domestique, le recrutement de la cité (4).

L'Egypte sort en ce moment, comme une momie longtemps oubliée, de l'ombre où elle se dérobait depuis des siècles. Si la chronologie de ses rois est quelquefois malaisée à fixer à raison du problème des dynasties parallèles, si l'historien est parfois dérouté par l'apposition du nom d'un Pharaon sur une inscription commémorative dressée par un de ses prédécesseurs, nous avons, du moins, des données très précises sur les mœurs de ce peuple tant admiré des Grecs, qui méprisaient le reste de la terre. Les nécropoles de Thèbes, d'Abydos, de Memphis, ont versé au jour des flots de documents qui complètent ou rectifient les listes dynastiques de Manéthon, la table

---

(1) Wagenseilius, Sota, IX, 9, p. 918 et 926. Altdorf, 1674. La plupart des maris, coupables d'adultère eux-mêmes, s'étaient rendus irrecevables à se plaindre.

(2) *Nomb.*, V, 14 à 31.

(3) Chez les Juifs, ce fut peut-être l'œuvre de la jurisprudence. — Rome aurait écarté, tout au moins au début, le divorce pour cause de stérilité. V. p. 41 *infra*, texte et note 7.

(4) Nous ne nous occuperons pas, pour le moment, de certains peuples anciens, dont les lois relatives au mariage rentreraient dans le cadre de notre sujet : les Gaulois, les Irlandais, etc. Leur importance historique ne datant guère que de leurs descendants, nous attendrons, pour parler d'eux, que le cours de notre travail nous amène aux temps où ils ont eu part à la diffusion de l'Evangile.

d'Abydos, les récits souvent fabuleux d'Hérodote et même le témoignage, généralement sûr, de Diodore de Sicile (1).

A vrai dire, il y a plusieurs Egyptes, et l'on ne peut approfondir la constitution de la famille ancienne qu'en distinguant les temps et les lieux. Les coutumes de Memphis, ville connue pour son luxe et sa dissipation, ne sont pas celles de Thèbes, et la basse Egypte présente, avec les régions du Haut-Nil, des contrastes de race nettement accusés. A prendre en bloc cependant les institutions et les mœurs, voici l'idée qu'on en peut donner.

La monogamie a régné chez les Egyptiens, dans les rangs du peuple tout au moins (2). Quant à la coutume de marier la sœur au frère, elle est trop connue pour qu'on doive y insister (3). Elle atteste seulement d'autres idées sur l'inceste que celle de l'Europe moderne, éclairée depuis longtemps par la lumière chrétienne. Sur les bords du Nil, l'épouse puisa sa protection, sa force dans sa faiblesse, dans ses charmes peut-être (4), et ce fut, chez l'Egyptien naturellement doux et pacifique, l'origine d'une interversion de rôles. La femme, traitée de bonne heure comme l'égale de l'homme, profita de la liberté des conventions pour conquérir une indépendance complète. Elle stipula, en se mariant, la pleine administration de ses biens et des avantages excessifs ; elle eut un domicile distinct de celui de son époux (5). L'autorisation maritale n'intervint plus comme

(1) Cet auteur a connu le Code de Bocchoris, qui a eu si longtemps force de loi et dont l'influence s'est fait sentir, comme le disent MM. Victor et Eugène Révillout, fort au delà du pays d'Egypte (*Appendice sur le droit de la Chaldée au XXIII⁰ siècle et au VI⁰ siècle avant notre ère*, p. 520 du volume intitulé : *Les obligations en droit égyptien*, par Eug. Révillout).

(2) Hérodote (II, 92) compare à cet égard la pratique des Egyptiens à celle des Grecs. Mais le droit à la polygamie ne faisait pas de doute pour les premiers (Diodore de Sicile, I, LXXX, 3).

(3) V. les exemples que nous offrent Arsinoé, veuve de Lysimaque, roi de Thrace, épousant son frère germain Ptolémée Philadelphe (Justin, XXIV, 2 et 3. — Pausanias, I, VII, 1 et 3, p. 9, éd. Didot), et Cléopâtre, veuve de Ptolémée Philométor, remariée à Evergète II (Justin, XXXVIII, 8). L'union de Ptolémée II, en particulier, excitait l'indignation de Marc-Aurèle (Herodien, I, III, 3, éd. Teubner). Consult. encore sur cette coutume égyptienne Diodore, I, XXVII, 1. Philon, *De special. legib.*, 4, p. 68, éd. Richter, 1828, et Sextus Empiricus, *Pyrrhon. instit.*, I, 14, p. 39 et III, 24, p. 178. Leipsick, 1718.

(4) V. Ctesiæ fragmenta, *De rebus Persicis*, lib. XII et XIII, p. 63ᵇ, éd. Didot : τὰς Αἰγυπτίας γυναῖκας... διαφέρειν τῶν ἄλλων.

(5) V. le document cité par M. Eugène Révillout, *L'Etat des personnes*, p. 225 (*Cours de droit égyptien*, 1ᵉʳ vol.).

une condition nécessaire à la validité de ses engagements. Cet état de choses lui assura une prépondérance de fait : Hérodote (1) et Diodore (2) l'ont à peine comprise, Sophocle l'a doucement raillée (3). Elle a fait le point de départ d'une généralisation conjecturale, qui voit à la base de la famille primitive ce qu'on a qualifié de *droit de la mère (Mutterrecht)*, une sorte de promiscuité polyandrique. Mais on a justement représenté (4) que l'anomalie signalée en Egypte a pour cause la qualité de femme et non pas de mère, et qu'elle s'explique par l'indépendance dont jouissaient également diverses personnes déclarées incapables par des législations voisines. D'ailleurs, l'accumulation des richesses aux mains des femmes et les circonstances économiques rendraient compte, au besoin, de cet état de choses. Ajoutez à cela qu'à un moment donné, sous la douzième dynastie, l'Egypte a été un pays essentiellement agricole et militaire. Rien ne se comprend donc comme l'influence acquise par la mère, qui donnait à la cité des laboureurs et des soldats. Il faut tenir compte enfin de la démoralisation introduite par les intrigues des femmes asiatiques, qui désorganisèrent la famille et accrurent l'influence de leur sexe au détriment de sa considération (5).

(1) II, 35, 2 : Ἐν τοῖσι αἱ μὲν γυναῖκες ἀγοράζουσι καὶ καπηλεύουσι, οἱ δὲ ἄνδρες κατ' οἴκους ἐόντες ὑφαίνουσι, κ. τ. λ. — Cf. Nymphodorus Syracusanus, 21, *Fragm. hist. græcor.* Didot, t. II, p. 380, et Pomp. Mela, I, 9.

(2) I, XXVII, 2 : Παρὰ τοῖς ἰδιώταις κυριεύειν τὴν γυναῖκα τἀνδρός ἐν τῇ τῆς προικὸς συγγραφῇ, προσομολογούντων τῶν γαμούντων ἅπαντα πειθαρχήσειν τῇ γαμουμένῃ.

(3) *Œdipe à Colone*, v. 337 à 341. Montesquieu (*Espr. des lois*, VII, 17) a pris à la lettre l'assertion des auteurs anciens.

(4) V. Devas, *Studies of family Life : A contribution to the social science*, p. 105 à 112, 124 à 142. Cf. G. Paturet, *La condition juridique de la femme dans l'ancienne Egypte*, p. 7 et 8, et Eug. Révillout, *ibid. Lettre à l'auteur*, p. VII. — M. Paul Lacombe, tout en expliquant autrement que MM. Révillout et Paturet, l'influence attribuée à la mère de famille égyptienne, refuse de voir dans le *matriarcat* une étape historique de l'humanité (*La famille dans la société romaine*, p. 21 et s.).

(5) La démoralisation égyptienne a atteint de lamentables proportions. On ne peut citer ici les preuves qu'en donnent Hérodote (II, c. 42, 2 et 4, c. 48, 2 et 3, c. 60, 2, c. 135, 2) et Strabon (XVII, 1, 19). *Add.* Juv. (VI, v. 84) qui fait allusion aux temps de la décadence, et Sextus Empiricus (*op. laud.*, III, 24, p. 177). La Bible (*Lévit.*, XVIII, 23, et XX, 16) met les Juifs en garde contre la contagion de certaines coutumes monstrueuses qui régnaient en Egypte. V. encore *Ezech.*, XVI, 26; XXIII, 19. A entendre Porphyre (*De abstin.*, IV, 7, p. 73, éd. Didot), il faudrait savoir gré aux Egyptiens d'avoir échappé, mieux que les Perses

A une époque tardive, sous la domination et sous l'influence grecques (1), des ordonnances royales essayèrent de réprimer ces abus et replacèrent la mère de famille sous la dépendance du mari. Le résultat mit longtemps à se produire et il ne fut jamais complet. Le *prostagma* de Philopator, à l'époque des Lagides, inaugura ce mouvement de retour en imposant la règle de l'autorisation maritale.

Le droit au divorce subit diverses péripéties, comme la condition de la femme (2). Le mari eut seul le droit de répudiation, au début ; la femme ne put l'invoquer que si elle se l'était réservé par son contrat. En prévision de son renvoi et pour le prévenir, elle prit l'habitude de stipuler certains avantages : la reprise d'une dot fictive, une amende dont elle s'appliquerait le bénéfice. Enfin elle convenait que le mari, usant du divorce, serait dépossédé de ses biens, dont l'administration devait passer au fils aîné, qualifié de κύριος. Celui-ci la conservait jusqu'au jour où, l'un des conjoints venant à mourir, il partageait l'hérédité de ce dernier par égales parts avec ses frères. (3).

Cette prérogative du fils paraît se justifier par l'idée de la copropriété familiale (4). Quant à la dépossession elle-même, elle est motivée par la crainte que le mari ne porte ses biens à la nouvelle épouse dont il subit l'ascendant.

A l'époque de dissolution qui marque le règne d'Evergète II, la femme semble s'être réservé le monopole de la répudiation. On pourrait citer plusieurs documents qui militent dans ce sens.

et plus tard les Romains, aux pratiques infâmes de la Grèce : ὁπότε συντελεῖν τι τῶν περὶ τὴν ἱερὰν μέλλοιεν θρησκείαν... παντὸς μὲν ἐμψύχου ἀπείχοντο... πρὸ δὲ πάντων ὁμιλίας γυναικείας · ἄρρενος μὲν γὰρ οὐδὲ τὸν ἄλλον χρόνον μετεῖχον. La portée de ce texte est d'ailleurs limitée aux prêtres.

(1) Cicéron (*Pro Flacco*, 30) et Gaius (I, 193) témoignent de la subordination où la femme était généralement tenue en pays hellénique. V. *infra*, p. 40.

(2) Ptolémée Philadelphe, qui épousa la veuve de Lysimaque, nous l'avons vu, p. 10, note 3, avait commencé par répudier la fille de ce roi, nommée aussi Arsinoé, qu'il accusa d'avoir conspiré contre lui (*Schol. in Theocritum*, XVII, 128, p. 99, éd. Didot).

(3) Ces clauses apparaissent dans certains contrats thébains de l'époque ptolémaïque. A Memphis, les actes présentent quelques différences.

(4) En ce sens, Eug. Révillout, *eod. loc.*, p. XL. Cf., sur cette copropriété, Paturet, p. 27, 36 et s. — Mais, puisqu'il s'agit de l'aîné, on peut, pensons-nous, recourir ici, comme pour l'Inde, à une idée de préférence fondée sur ce que cet enfant a assuré l'entretien du culte domestique. V. Manou, IX, sl. 107 et 138, trad. Loiseleur Deslongchamps. Paris, 1833.

Le divorce avait donné, en Egypte, une singulière audace à l'adultère. Le plus faible des époux, et ce n'était pas toujours celui qu'on pense, était à la merci de son conjoint. C'est ainsi qu'un texte nous montre un mari pliant devant la violence et cédant à un rival sa place au foyer conjugal (1).

IV

On peut aujourd'hui remonter aux Accads et aux Soumirs, ces antiques habitants et ces premiers civilisateurs de la Chaldée. Leur histoire s'exhume tous les jours du milieu des documents accumulés sous les ruines des cités assyriennes : bas-reliefs, cylindres, bijoux symboliques, tablettes d'argile portant des contrats gravés en cunéiformes fins et serrés. La bibliothèque figuline d'Assourbanipal, fondée vers 650 av. J.-C., a surtout contribué à éclairer ce passé lointain (2).

Le droit assyrien, à sa meilleure époque, atteste une civilisation avancée. Mais ici, comme pour l'Egypte, nous serions porté à distinguer les diverses périodes de l'histoire et à classer par régions les peuples que nous étudions. Les mœurs, le caractère, l'art ninivites ne ressemblent pas à ceux de Babylone, et le temps a déterminé de notables changements, depuis le vieil empire chaldéen jusqu'à la Babylonie de Nabuchodonosor. Ne nous abusons pas cependant sur la facilité ou l'importance d'un classement ethnique. D'une part, l'empire d'Assyrie, mélange hétéroclite de peuples et de races, n'a jamais réalisé, dans ses limites mal définies, avec ses capitales mobiles et successives, l'idée que nous nous faisons d'une nation. D'un autre côté, les éléments disparates se sont fusionnés sur le tard. En

____

(1) V. les citations faites par M. Eug. Révillout : *La question du divorce chez les Egyptiens* (*Revue égyptologique*, 1ʳᵉ année, nᵒˢ II et III, 1880). — Nous n'avons pas rencontré en Egypte ce que nous trouverons à Athènes et à Rome, le droit donné au beau-père de répudier son gendre. Le trait de Ptolémée Philométor, cité par Josèphe (*Antiq.*, XIII, 4, 7, t. I, p. 642) s'explique fort bien par un acte arbitraire de souveraineté. Du reste, M. Paturet le remarque (p. 29), la puissance paternelle était presque nulle à l'époque des Lagides. Cf., pour l'époque antérieure, Victor et Eugène Révillout, *Append.*, p. 320.

(2) V. les tablettes de gloses bilingues dans *The Cuneiform inscriptions of Western Asia.* — Pline (*Nat. Hist.*, VII, 57) mentionne les *coctiles laterculi* de Babylone comme matière à écrire. Ils servaient aussi à bâtir (Q. Curce, V, 1).

tous cas, les législations d'Ur, de Ninive et de Babylone, quelques divergences qu'elles aient pu présenter sur d'autres points, régissaient à peu près uniformément la condition de la femme.

A Babylone, comme dans tous les pays de l'antiquité, on trouve deux sortes d'unions, deux sortes de conjointes, les unes *æquæ*, les autres *inæquæ honestatis* (1). Ces dernières n'apportent pas de biens au chef de famille. Les autres se constituent une dot dont le mari acquiert la détention et la jouissance, mais non la propriété. Il est douteux qu'il existe des paraphernaux proprement dits (2).

Les unions adelphogames n'ont pas été peut-être inconnues aux Assyriens. On en trouve l'usage établi chez les peuples qui ont hérité de leur nom et de leur territoire (3).

La femme marche l'égale de l'homme (4) : elle contracte sur le même pied que lui. Elle plaide sans tuteur ni procureur (5). Cette anomalie a contribué à développer outre mesure son influence domestique et sociale, mais la liberté illimitée lui a été funeste. On pressent le rôle qu'ont joué les femmes chez un peuple dont l'immoralité est devenue proverbiale, et où le paganisme a souvent renchéri sur ses propres excès (6).

(1) Nous n'avons pas à exposer la singulière coutume qui, à l'origine, aurait présidé aux mariages. A en croire Hérodote (I, 196), les jeunes filles étaient, dans les diverses localités de l'empire, assemblées chaque année et attribuées, par voie d'enchères, au mari le plus offrant. Celles dont on ne voulait pas achetaient des époux avec l'argent rapporté par la vente de leurs compagnes. Cf. Strabon, XVI, 1, 20. Nicolas de Damas, 131 (*Fragm. hist. graec.*, t. III, p. 462, Didot). Elien, *Var. hist.*, IV, 1. — Ces mœurs primitives auraient existé aussi chez les Venètes, peuple d'Illyrie (Hérod., *ibid.*), et chez les Gètes, peuplade de Thrace (Pomp. Mela, II, 2).

(2) V., pour les détails, Vict. et Eug. Révillout, *App.*, p. 331 et 336.

(3) Lucien (*De sacrificiis*, 5, p. 140, éd. Didot) parle de Jupiter qui épousa en dernier lieu sa sœur Junon, κατὰ τοὺς Περσῶν τοῦτο καὶ Ἀσσυρίων νόμους.

(4) V. le contrat cité dans la *Revue égypt.*, 1885, n° IV, p. 183 à 186.

(5) Il faut reconnaître cependant qu'à la différence des Egyptiennes, les femmes mariées n'agissent guère, à Babylone, séparément de leurs maris. Plusieurs actes témoignent dans ce sens. V. Vict. et Eug. Révillout, *App.*, p. 333-334.

(6) Nous ne parlerons pas du tribut que chaque femme devait, selon Hérodote (I, 199) et Strabon (*loc. laud.*), payer, une fois dans sa vie, à la prostitution. Cette coutume, destinée sans doute, dans les idées superstitieuses des anciens, à désarmer les divinités impudiques de l'Asie, régnait également en Lydie (Elien, *l. l., in fine*) et dans l'île de Chypre (Hérod., *eod. loc.*, § 7, *in fine*). Ce doit être sous l'empire de la même pensée que l'Egypte a parfois décerné des honneurs à la prostitution (Sext. Empir., *op. l.*, III, 24, p. 177), et que les jeu-

Quant à la rupture du lien conjugal, elle a lieu en cas d'adultère de l'épouse. Celle-ci ne peut alors rien réclamer pécuniairement, mais elle reprend sa liberté (1). Telle est du moins l'opinion de certains assyriologues. D'autres soutiennent avec plus de vraisemblance que l'épouse infidèle est vouée à la mort (2).

L'ancien droit accadien nous montre le mari subissant lui aussi la répudiation, mais il n'y est soumis que pour des causes graves.

Nous y voyons encore que celui des époux dont la conduite a motivé la séparation, encourt un châtiment. Outre ce frein légal, a-t-on connu les clauses pénales du genre de celles que la femme répudiée faisait valoir en Egypte? Un acte contemporain de Nabuchodonosor, constatant le mariage d'une jeune fille noble célébré à Rutuk, près de Babylone, contient une prévision semblable. Le mari, s'il venait à délaisser sa femme et à en prendre une seconde, devait payer à la première six mines d'argent (3).

Pas plus qu'en Egypte, les parents n'ont la faculté de reprendre leur fille contre le gré de son mari. La puissance paternelle a toujours été trop douce pour cela (4). Mais un acte inédit du Louvre, récemment publié (5), révèle un expédient

nes filles, dans ce pays (*ibid.*), à Chypre (Justin., XVIII, 5), en Lydie (Hérod., I, 94, 4), à Carthage (Val. Max., II, vi, 15), chez les Augyles (Pomp. Mela, I, 8), à Locres (Athénée, XII, 3, p. 316), en Arménie enfin (Strabon, XI, xiv, 16), ont préludé au mariage par la débauche ou se sont constitué des dots par un trafic impur. Pour revenir à Babylone, citons seulement un détail donné par Q. Curce (V, 1). Après avoir dépeint la licence des festins au moment de la conquête d'Alexandre, il ajoute : *Nec meretricum hoc dedecus est, sed matronarum virginumque, apud quas comitas habetur vulgati corporis vilitas.* — Le renom d'impudence que s'étaient attiré les Assyriens a un écho dans les livres saints (*Judith*, XII, 11. *Baruch*, VI, 42, 43. *Nahum*, III, 4. *Apoc.*, XVIII, 1 et s.).

(1) V., réserve faite sur la portée du document qu'il cite, la note de M. Oppert sur le divorce assyrien (*Rev. égypt.*, 1880, 1ʳᵉ année, nᵒˢ II et III, p. 98). — La question du divorce est aussi touchée dans les *Documents juridiques de l'Assyrie et de la Chaldée*, par MM. Oppert et Ménant, p. 41 et suiv.

(2) V. un contrat babylonien de la 41ᵉ année de Nabuchodonosor, reproduit dans la *Zeitschrift für Assyriologie*, avril 1888, p. 78. On peut se référer aussi à V. et Eug. Révillout, *App.*, p. 337 et 341. — Les actes qu'oppose M. Oppert (*Revue* susdite, août, p. 183) ne sont nullement décisifs en sa faveur.

(3) Vict. et Eug. Révillout, *App.*, p. 337. On peut consulter encore sur ces sortes de conventions Oppert, *Zeitschrift*, etc, août 1888, p. 182.

(4) Voy. Vict. et Eug. Révillout, *l. l.*, p. 320 et 350.

(5) *Ibid.*, p. 527.

ingénieux destiné à suppléer à la loi elle-même. Une mère qui marie sa fille se réserve de rompre l'union en remboursant à son gendre une somme que ce dernier lui a soi-disant avancée. Elle peut ainsi défaire le lien formé avec son consentement.

V

En l'état où s'offrent à nous les annales des Perses, il est difficile de préciser les règles qui régissaient le mariage et sa dissolution. Ce peuple est, après les Hindous, celui à qui manque le plus le sentiment de l'histoire (1). Du reste, ce qui a été dit de l'Assyrie s'applique depuis longtemps à la nation voisine. Il n'existe pas proprement de race persane. Le pays a subi trop d'invasions, le type indigène a été altéré par trop de croisements. On peut cependant essayer une généralisation, car la confusion actuelle n'existait pas encore sous les rois Achéménides; on peut déterminer les lois qui ont régné chez les Aryas de la Bactriane et en Médie, puis ont fini par s'implanter en Perse, sinon du temps de Darius (2), du moins à une époque postérieure. Il faut consulter pour cela le livre sacré du mazdéisme, le recueil des préceptes qui auraient été donnés par Zoroastre, plusieurs siècles avant notre ère, le *Zend Avesta* en un mot.

Le mariage, qui multiplie le nombre des fidèles et perpétue le culte des aïeux, est l'acte le plus agréable à Ormuzd, le dieu du bien, opposé à Ahriman, le dieu du mal (3). L'union est recommandée avec les parents les plus proches (4) : on songe

(1) V. Oppert, *Rapport au minist.* (*Annal. de phil. chrét.*, octobre 1856, p. 249-250). — Cpr. *Voyages du chevalier Chardin*, t. V, p. 123 s., Paris, 1811, et Gibbon, *The history of the declin and fall of the Roman Empire*, ch. X, note 150. Bâle, 1789. — Pour l'Inde spécialement, v. Bergaigne, *Les découvertes récentes sur l'histoire du Cambodge, Journal des Savants*, sept. 1885, p. 556.

(2) Une controverse existe entre les orientalistes, les uns prétendant que le zoroastrisme était alors le code religieux de la Perse, les autres (et ce sont précisément les éranistes), soutenant qu'il y avait analogie, mais non identité de culte, entre les sujets du Grand Roi et les mages propagateurs de l'avestisme (V. M. de Harlez, intr., ch. I, p. IX et s. Cf. J. Darmesteter, *Coup d'œil sur l'hist. de la Perse*, p. 20 et 27, et *The Vendîdâd*, introd., p. XIV, vol. IV, Müller (*The sacred books of the East*).

(3) *Vendidad*, IV, 138, trad. de Harlez, p. 48.

(4) *Vendidad*, VIII, 37, trad., p. 91. — *Vispered*, III, 19, trad., p. 232. Cfr. *Visparad*, III, 3, trad. par Mills, vol. XXXI, p. 342, collection Müller. — *Chronique de Tabari*, trad. par Zotemberg, t. I, p. 276, 499. — Cf. Spiegel, *Eránische Alterthumskunde*, t. III, p. 679, Leipsick, 1878.

vraisemblablement à empêcher les alliances avec les infidèles et à conserver les biens dans les familles (1). La femme se mariera à quinze ans (2), et elle subira une séquestration plus rigoureuse que lorsqu'elle était jeune fille (3). D'ailleurs elle est maîtresse dans sa maison (4), mais elle y dédaigne les travaux dont s'honorait ailleurs la mère de famille (5).

(1) L'interprétation générale, qui tire des textes un encouragement aux mariages consanguins, est depuis longtemps combattue et elle l'était tout récemment encore par le destour Darab Peshotan Sanjana (*On the alleged practice of next-of-kin marriages in old Irân*, dans *The journal of the Bombay branch of the royal Asiatic society*, p. 97 à 136, 1887). Sans refuser une réelle importance aux arguments sur lesquels cet auteur fonde sa thèse, on peut le taxer d'exagération quand il représente les mariages entre parents comme une coutume étrangère, non pas seulement à l'*Avesta*, mais aux livres pelhvis eux-mêmes, et quand il récuse ou essaie de tourner à son avantage le témoignage formel des livres orientaux. Consultez encore sur ce sujet E. W. West, *The meaning of Khevêtûk-das or Khvêtûdâd*, dans la collection Müller, vol. XVIII, p. 390 et suiv. H. Hübschmann, *Ueber die persiche Verwandtenheirath* (*Zeitschrift der deutschen Morgenländischen Gesellschaft*, p. 308 à 312. Leipsick, 1889).

(2) *Vendidad*, XIV, 65, trad., p. 156 : « *Qu'il procure* (comme épouse) *à des hommes justes, selon la loi sainte, en expiation pour son âme, une jeune fille sans défaut corporel et* (dont la virginité est restée) *intacte.* » — § 66 (*ibid.*) : « *Créateur du monde! quelle doit être cette jeune fille? Ahura Mazda répondit* : (Ce doit être) *la sœur ou la fille de cet homme.* » — § 67 : « (Elle doit être) *de bonne réputation, dotée de pendants d'oreille, et avoir plus de quinze ans; qu'il la donne en mariage à un homme fidèle à la loi.* » Cf. *The Vendîdâd*, XIV, 15, trad. Darmesteter, p. 171.

(3) *Vend.*, III, 82; XI, 36; XIII, 40; XV, 30; XVIII, 56. *Vid. tamen* Rawlinson, *The seventh great oriental monarchy*, p. 656; London, 1876. — Aristote (*Ethic. Nicom.*, VIII, 10, 4, t. II, p. 99, éd. Didot) taxe de tyrannique la puissance paternelle telle qu'elle était organisée chez les Perses, et le livre d'Esther (I, 10 et s.) montre que la puissance maritale n'était pas moins sévèrement conçue. — Quoi qu'il en soit, la femme iranienne a exercé, par l'intelligence et l'ascendant moral, une réelle influence dans les affaires. On en trouvera des exemples dans l'épopée de Firdousi, qui résume un grand nombre de traditions populaires. V. *Le livre des rois*, trad. par Jules Mohl, 7 vol., Paris, 1876-1878.

(4) *Vispered*, III, 20, trad. de Harlez, p. 233 : « *J'appelle la maîtresse de maison, j'appelle la femme fidèle aux bonnes pensées, etc.* »

(5) Quinte-Curce (V, 2) est très précis : *Non aliud magis in contumeliam Persarum feminæ accipiunt quam admovere lanæ manus.* — En était-il ainsi avant Alexandre? Le *Vendidad*, V, 171, trad. de Harlez, p. 63, nous montrerait la *jeune fille de la maison* se livrant aux travaux de couture. A une nuance près, l'expression originale (*caraitika*) est traduite de même (*maid*) par M. Darmesteter (*The Vend.*, V, 60, p. 65). La langue zende donne une acception vague au mot, que Spiegel et certains Parsis modernes rendent par *rouet*. Il est donc difficile d'appuyer sur le texte une induction sérieuse pour déterminer les mœurs domestiques des Iraniennes primitives.

De la dot il n'est pas question dans les livres sacrés qui nous restent.

Au début, on ne put, sans doute, prendre une nouvelle épouse que si la première union était demeurée stérile. Plus tard, les Perses ont eu, en aussi grand nombre qu'ils pouvaient les nourrir, des conjointes de rang inférieur (1). Ils y ont été encouragés par la considération publique et même les primes officielles qui récompensaient les familles pourvues de nombreux enfants (2).

Le code zoroastrien, tel qu'il nous est parvenu, est muet sur la rupture du lien conjugal. On peut induire, semble-t-il, des coutumes conservées chez les Parsis de l'Inde, que la femme iranienne pouvait être répudiée pour cause d'insubordination ou de vie scandaleuse, à raison de certaines imprudences, enfin dans le cas où elle était adonnée à la magie (3).

Peut-être, à une époque tardive, le lien du mariage put-il se relâcher sans se rompre. Les coutumes des Ossètes, peuplade du Caucase qui paraît avoir conservé certaines traditions de l'Iran, nous montrent le mari privé d'enfants prêtant à au-

(1) Strabon (XI, 13, 11) représente les Mèdes comme un peuple polygame. Hérodote (I, 135, 2) en dit autant des Perses. — Geiger croit que la pluralité des femmes était déjà tolérée par l'Avesta (*Ostinarische Kultur in Alterthum.*, p. 24. Erlangen, 1882), mais l'esprit général du livre y répugne. Quand il est question, par exemple, des honoraires donnés au médecin de la famille, une épouse unique nous est montrée au foyer (*Vendidad*, VII, 110 à 113, trad. de Harlez, p. 80). Cf. ce que dit Bodenstedt (*Die Völker des Kaukasus*, p. 82. Francfort, 1848) des mœurs, restées antiques, des Souanètes, qui repoussent la polygamie, tout en admettant le divorce. Ce dernier ouvrage a été traduit en français par le prince de Salm-Kyrburg. V. la 2ᵉ éd., p. 232. Dentu, 1859. — Le peuple perse emprunta d'ailleurs aux Grecs leurs mœurs contre nature. Consult. Hérod., *ibid.*, 5. Sextus Empiric., *op. l.*, I, 14, p. 38. *Vid. tam.*, même page, et p. 176, les deux notes qui appliquent le passage aux Carmanes et disculpent les Perses, sur la foi de Quinte-Curce et d'Ammien Marcellin (Curt., X, 1. Ammian., XXXIII, 6). Ces témoignages tardifs ne sauraient balancer l'affirmation très précise d'Hérodote, qui a échappé à l'annotateur de Sextus. Le trait cité par Q. Curce n'engage d'ailleurs pas le fond de la question. V. Perizonius, *Curt. Vind.*, p. 103. Leyde, 1703. Le seul point sujet à discussion est que la contagion soit venue de la Grèce. V. *De Herod. malign.*, XIII (Œuvr. de Plut.).

(2) Hérod., I, 135. Nicolas de Damas, 132, p. 462. — Strabon, XV, 3, 17, p. 624, éd. Didot : Τιθέασι δὲ καὶ οἱ βασιλεῖς ἆθλα πολυτεχνίας κατ' ἔτος.

(3) V. *Zend-Avesta*, trad. par Anq. du Perron, t. III, p. 561-562 (1771). — Quand la femme est stérile, il est permis au mari, pourvu qu'elle y consente, nous ne disons pas de la répudier, mais de pratiquer la bigamie. — V. encore West, *op. l.*, p. 406-407.

trui sa conjointe de rang inférieur. Les rejetons nés de ce commerce appartiennent toujours à l'époux originaire (1).

VI

Les lois de Manou attachent une grande importance au culte des ancêtres et, par voie de conséquence, à la propagation masculine de la race. L'organisation de la famille dérive de là. La perpétuité du lien conjugal est proclamée en principe (2). Toutefois, si l'épouse est stérile, elle sera remplacée au bout de huit ans (3). L'Hindou qui n'a pas d'enfants aurait aussi la faculté de s'en procurer par l'adoption. Il pourrait encore, et la famille le pourrait à sa mort (4), prêter la femme légitime à un frère ou à un autre parent du côté du mari (5). Ceux-ci doivent agir par une pensée de bon office et avec une grande préoccupation d'honnêteté (6). Pareille coutume était restée en

(1) V. Dareste, *Mélanges d'histoire du droit* : L'Arménie, la Géorgie et le Caucase, p. 142. Paris, 1889.

(2) Manou, IX, sl. 101 : « *Qu'une fidélité mutuelle se maintienne jusqu'à la mort, tel est, en somme, le principal devoir de la femme et du mari.* »

(3) Manou, IX, 81. *Add.* Baudhâyana, IV, 1, 20, vol. XIV, p. 313, Müller.

(4) V. *The laws of Manu*, trad. par Bühler, p. 337, note sur le sl. 59 du livre IX, vol. XXV, Müller : *A woman can be authorised by her husband, or, after his death, by his relatives,* etc. »

(5) Manou, IX, 58, 59 et 145. L'enfant appelé à la vie dans les conditions voulues appartient au mari de la mère, comme la récolte au maître du champ qui aurait reçu les semailles d'autrui. (*Ibid.,* IX, 48 à 51 et 167). — Les textes, il est vrai, paraissent interdire ailleurs (sl. 64 à 70) le *niyoga*, qui rappelle en l'accentuant le lévirat hébraïque (*Deut.,* XXV, 5 à 10). Il ne faut pas s'étonner de ces contradictions qui tiennent parfois à une revision défectueuse des lois. Nous trouvons une antinomie de ce genre à propos d'un fait absolument distinct, des secondes noces que Manou paraît interdire, soit à la femme divorcée, soit à la veuve (IX, sl. 68, 97, *add. à contrario* sl. 69 et Baudhâyana, IV, 1, 16, p. 315). Or, les Védas et divers documents anciens, d'autres lois mêmes du *Mânava-Dharma-Sastra* (lois de Manou), IX, 175, 176, attestent que la législation fut plus douce à l'origine. Quand elle eut changé, les réformateurs négligèrent de mettre d'accord les règles empruntées à des régimes différents. V. John. D. Mayne et les arguments qu'il donne, *A treatise of Hindu law and usage,* p. 76-77. London, 1878. *Vid. tamen : The laws of Manu,* note sur les sl. 64 et 65, p. 338-339.

(6) Manou, IX, 60-62. Le législateur n'en prévoit pas moins les abus qui feront une lettre morte de sa recommandation. *Ibidem,* IX, 63.

vigueur, au commencement du siècle, dans certaines provinces de l'Inde (1). Elle est interdite aujourd'hui (2).

Au cas de stérilité, il faut joindre, comme donnant ouverture au divorce, certains défauts physiques (3) ou moraux de la femme, enfin la pénible éventualité où la mère perd ses enfants et le hasard qui ferait qu'elle n'aurait que des filles (4).

Les cas de divorce sont limités et le droit de répudiation est, on peut le dire, un privilège du mari (5). Certains textes, cependant, permettent à la femme de quitter son époux. Tel est le cas où celui-ci est un pécheur banni de la société des gens de bien, un malade que la phtisie consume, un mendiant irrégulier, enfin le cas où il prolonge son absence en pays étranger (6). Il est d'ailleurs dans l'esprit du législateur qu'on sévisse contre le mari coupable d'une répudiation injuste. En principe, il perdra le tiers de ses biens au profit de sa conjointe (7).

______

(1) Colebrooke, *A Digest of Hindu law*, Calcutta et Londres, 1801, vol. III, p. 276, note *in fine* : *The practice of appointing brothers to raise up male-issue to deceased, impotent or even absent husbands, prevails in O'risa.*

(2) Orianne, *Traité des successions d'après le droit hindou*, p. 111, note 1. Paris, 1844. — La disparition du niyoga s'est graduellement faite. Déjà Apastamba renferme des passages formels qui le prohibent (*Apastambá*, II, X, xxvii, 4 à 7, trad. par Bühler, vol. II, Müller). Or, ce législateur paraît antérieur à Manou. D'autre part, Nârada, le plus récent, peut-être, des codes brahmaniques, parle du niyoga comme d'une coutume subsistante, mais en la déclarant interdite pour le quatrième âge du monde, âge où nous sommes entrés depuis longtemps. V. *Institutes of Hindu law*, de William Jones; p. 363 et suiv., Calcutta, 1794. Cette page de Jones est traduite par Loiseleur-Deslongchamps, à la fin de son second volume. Cf. Mayne, p. 60 et 61, exposant les circonstances morales et économiques qui ont amené l'état de choses actuel.

(3) Encore faut-il faire une restriction. La femme malade, mais « *bonné et de mœurs vertueuses, ne peut être remplacée par une autre qu'autant qu'elle y consent...* » (Manou, IX, 82).

(4) Manou, IX, 80, 81 : « *Une femme stérile doit être remplacée la huitième année, celle dont les enfants sont tous morts, la dixième, celle qui ne met au monde que des filles, la onzième, celle qui parle avec aigreur, sur le champ.* » Ita, avec une variante, Baudhayana cité par Colebrooke, II, p. 417, et Yâjnavalkya, *ibid.*, p. 418. — Vasishtha, XIII, 49; XXI, 9, p. 68 et 111, vol. XIV, Müller.

(5) Manou, V, 154.

(6) Devala cité par Colebrooke, t. II, p. 470-471 et suiv. On y verra les délais imposés à la femme qui voudrait donner un successeur à son époux absent. Les divers législateurs ne s'accordent d'ailleurs pas sur le parti qu'elle doit prendre. V. Gautama, XVIII, 15 à 17, p. 268, vol. II. Müller, et Vasishtha, XVII, 75, 76, avec la note de Bühler, p. 92.

(7) V. une citation de Nârada, dans Colebrooke, t. II, p. 413, et d'autres

Dès le début, la polygamie a été permise (1).

Le livre de Manou fait encore, dans les traditions vivaces de l'Inde, partie intégrante de la législation contemporaine ; avec les collections de Yâjnavalkya, de Nârada et les fragments épars d'anciens jurisconsultes, il constitue sur une foule de points le statut personnel des indigènes. Malgré son inspiration pieuse, il renferme des dispositions immorales et ouvre la porte aux plus graves désordres (2). La femme y est l'objet de certains soins matériels (3), mais elle est frappée d'une suspicion constante (4) et placée dans un état complet d'infériorité (5). Sa situation ne s'est pas améliorée sous les régimes successifs qu'a traversés le peuple hindou.

VII

La Chine qui, dans l'antiquité, pouvait rivaliser de culture

encore de Vishnu (p. 414), de Devala (*ibid.*), et de Yâjnavalkya, p. 420. V. toutefois, pour le dernier texte, la réserve marquée à la note.

(1) V. déjà Vishnu, XV, 41 ; XVI, 1 à 3 ; XVIII, 1 à 40 ; XXIV, 1 à 4, p. 65, 70, 106, 111, vol. VII, Müller. — Manou, VIII, 204 ; IX, 198. — Yâjnav., I, 57 (*Yâjnavalkya's, gesetzbuch*, p. 8, trad. allem. de Stenzler, Berlin et Londres, 1849). — Cf. Strabon, XV, 1, 59, p. 606, parlant des Brahmanes qui se marient à un certain âge : Γαμεῖν δ' ὅτι πλείστας εἰς πολυτεκνίαν. La thèse de Gibelin (*Etudes sur le droit civil des Hindous*, t. I, p. 36 s. Paris, 1846) qui ferait des liens autres que le premier en date, de simples cas de concubinat, est donc erronée, du moins pour les temps primitifs. Tout au plus peut-on reconnaître que l'unité d'*uxor* a été l'idéal désirable au début (Manou, IX, 45), et que la conjointe qui avait précédé les autres jouissait alors d'une supériorité plus marquée sur celles-ci. V. Mayne, p. 75.

(2) Ce qui contribue, semble-t-il, à les encourager, c'est la bénignité que plusieurs législateurs ont montrée à l'égard de l'adultère, même celui de la femme. Apastamba autorise celle-ci, une fois sa peine subie, à reprendre la vie commune. V. Apast., II, 10, 27, §§ 1, 8, 9 et suiv., 20, p. 164.

(3) V. Manou, III, 52, 55 à 62 ; VIII, 28, 29, punissant comme voleurs les frères ou autres parents de la femme restée sans époux, qui s'approprient son bien. Cf. Yâjnav., II, 25, p. 50. Ce dernier code (v. le texte dans Colebrooke, t. II, p. 121) impose encore au mari l'obligation de pourvoir à la subsistance de l'épouse qu'il a remplacée. Enfin, il ne faut pas oublier ce poétique adage, où se reflète, selon le savant indianiste (*ibid.*, p. 209), une préoccupation fondamentale du législateur : « *Strike not even with a blossom a wife guilty of a hundred faults.* » Cf. Kohler, *Indisc. Ehe* (*Ztschr. f. vergl. Rechtsw.*, III, p. 389).

(4) Manou, V, 147 ; IX, 2 à 18. Cf. Yâjnav., II, 70, trad. p. 56 : « *Frauen, Kinder, alte, Spieler, berauschte, Geisteskranke, bescholtene, Schauspieler, Keizer, Fälscher, Menschen mit kranken sinnes Werkzeugen.* »

(5) Manou, V, 148 ; VIII, 416.

avec la Grèce et avec Rome, qui a été, au moyen âge, une des nations les plus policées de l'univers, et dont le développement social étonne encore les Européens, du temps de Louis XIV, la Chine offre de singuliers contrastes, les extrêmes de la civilisation et de la barbarie, un raffinement merveilleux dans les arts et les lettres et par moment des mœurs cruelles et licencieuses rappelant les peuples déchus.

Du moins la législation chinoise sur le mariage respire une philosophie élevée et un vif sentiment des devoirs de famille.

Nous n'avons plus, pour nous éclairer, l'ensemble des livres primitifs, mais les vieilles traditions se sont fidèlement transmises, et elles avaient été recueillies par des chefs d'école, tels que Lao-tse et Kong-fou-tse, dont le nom latinisé est devenu Confucius. Le premier à laissé, dit-on, sous le titre de *Tao-te-king* (livre de la voie et de la vertu) une collection d'aphorismes à peu près impénétrables (1). Le second qui naissait en 551 avant notre ère, cinquante-quatre ans après Lao-tse, sous la dynastie des Tchéou dont il a illustré le règne, a posé certaines règles de morale claires, pratiques, empreintes de nobles pensées. Il a passé les dernières années de sa vie à mettre en ordre les livres canoniques du *Chou-king* et du *Che-king*. Mais nous avons pour témoin plus intime encore de ses idées, ses entretiens avec le prince de Lou, King-kong (2).

Confucius, expliquant les vieux usages, montrait dans l'union conjugale la véritable destination de l'homme ici-bas. Un respect particulier doit environner le mariage. Si la pluralité des femmes est permise (3), une seule du moins a le titre d'épouse; elle exigera la soumission des autres conjointes du mari, et sera réputée mère des enfants auxquels elles donneraient le jour (4).

(1) Stanislas Julien, en 1842, les a traduits et commentés : depuis, ont paru des versions anglaises et allemandes.

(2) V. la vie de Confucius par le P. Amyot (12ᵉ vol. des *Mém. sur les Chinois*). Les annales de la principauté de Lou offrent un exemple important de divorce. V. *The Ch'un ts'ew*, VII, 16, 3, dans *The Chinese Classics* par James Legge, vol. V, part. I, p. 328, Hong-kong et Londres, 1872.

(3) Elle fut instituée, dit-on, par l'empereur *Ti-ko*, qui régna de 2435 à 2366, avant J.-C., et nous la voyons généralisée dans la pratique, à l'époque des Tchéou.

(4) Cela rappelle les mœurs israélites et la postérité que se donnèrent indirectement Lia et Rachel (Gen., XXX, 1 à 18).

L'intention du législateur est qu'on n'attende pas au delà de l'âge de trente ans pour marier les fils, de vingt ans pour les filles.

A consulter l'esprit de la loi, la veuve ne doit pas convoler (1). Elle se confinera dans sa maison, se mêlant tout au plus d'affaires domestiques, et encore sera-ce à la condition que de jeunes enfants aient besoin de son secours. Par déférence cependant, ses descendants, à tout âge, ont pris l'habitude de la consulter et ils l'appellent à présider aux règlements de famille.

L'homme a le droit de répudiation, mais ce droit n'est pas arbitraire (2). Les cas en sont fixés à sept (3). Le premier est une mésintelligence persistante entre la femme et le père ou la mère du mari. C'est là une exagération de la piété filiale tant recommandée aux Chinois, et qui donne, à leurs yeux, une importance capitale au culte des ancêtres (4).

Les autres faits dont on peut se faire un sujet de plainte contre son épouse sont la stérilité (5), l'inculpation d'adultère,

---

(1) Il en est autrement pour le veuf. V. *Li-ki*, ou *Mémorial des rites* trad., par Callery, p. 66, note 1. Paris, 1853. Au texte, d'ailleurs, est posé le principe de l'indissolubilité du lien conjugal : « L'union (des époux) une fois accomplie, jusqu'à la mort il n'est plus permis de changer. » — L'aversion des anciens moralistes pour les secondes noces a gagné depuis longtemps les classes supérieures. L'opinion condamne ces unions comme injurieuses pour la mémoire du défunt. V., dans les *Annales du musée Guimet*, t. XI, p. 557, *Les fêtes annuellement célébrées à Emoui*, 2ᵉ partie, par M. de Groot, et t. XV, p. 280, 281, le *Siao-hio*, liv. VI, 1ʳᵉ partie, §§ 62 et 63, trad. de Mᵍʳ de Harlez, qui montre, par un exemple, le sentiment des Chinois du moyen âge sur ce point.

(2) Le mari est puni s'il agit par caprice. Le Code annamite, liv. V, sect. xv, trad. par Aubaret, t. II, p. 141, Paris, 1865, donne encore l'état de la législation chinoise sur ce point.

(3) Cf. *Ta-tsing-leu-lée*, ou *Les Lois fondamentales du Code pénal de la Chine*, t. I, sect. 116, p. 200 à 204, trad. du chinois par Thom. Stauton, mis en français par Renouard de Sainte-Croix. Paris, 1812. On y trouvera les causes de divorce. Ce livre est le Code de la dynastie tartare, actuellement régnante, des *Ta-tsin*. On y remarque un huitième grief imputable à la femme, le caractère jaloux. Cf. Aubaret, p. 141. Cette cause de rupture est déjà mentionnée, au douzième siècle, par Tchou-hi, dans le *Siao-hio*. V. à la section du mariage, § 129, p. 95. Le divorce par consentement mutuel, fondé sur l'incompatibilité de caractère, paraît être d'institution récente. V. Stauton, *loc. laud.*, et Aubaret, p. 142.

(4) *Les sept articles* par Pan-hoeï-pan, trad. t. III, p. 380-381 des *Mémoires sur les Chinois*. — Consult. aussi *Kia-li*, ch. III, trad. p. 37.

(5) Les écrivains chinois l'admettent avec peine, disant qu'il y a là un mal-

tout autre manquement à la pudeur, des rapports mensongers ou indiscrets par lesquels elle aurait troublé la paix de la famille, une infirmité qui la rendrait repoussante (1), l'intempérance incorrigible de sa langue. Le larcin domestique clôt l'énumération.

Tout fondé qu'il serait sur une des causes précédentes, le divorce souffrirait échec dans trois circonstances exceptionnelles. C'est quand la femme n'aurait pas de lieu de retraite, étant devenue orpheline, quand elle a porté avec son époux, pendant trois ans, le deuil de son beau-père ou de sa belle-mère, enfin lorsque son mari est devenu riche, de pauvre qu'il était en l'épousant (2). On craint, dans le dernier cas, de la priver du fruit de ses économies, et d'ailleurs elle a droit aux retours heureux de fortune, après avoir été la compagne des mauvais jours (3).

La jurisprudence que nous venons d'analyser se révèle encore dans un document postérieur à l'ère chrétienne, mais qu'il faut invoquer, car il témoigne de coutumes établies depuis longtemps. Nous avons les conseils donnés aux femmes par un des plus dignes représentants de leur sexe, la savante Pan-hoëï-pan, qui vivait à la cour de l'empereur Ho-ti (4) et fut chargée d'instruire l'impératrice. Cette personne, d'un tact exquis et d'une haute raison, écrivit un livre en *sept chapitres* ou *articles* (*Niu-kié-tsi-pien*) (5), où elle parlait avec force de la soumission

heur, non une faute (*Mém. sur les Chinois*, t. XIV, p. 383). — C'est sous un prétexte encore ignoré, mais en réalité pour la soustraire aux fatigues de son apostolat, que Confucius aurait répudié sa femme. D'ailleurs, il ne se remaria pas. Le philosophe Meng-tse, qui était de son école, se crut obligé aussi à une répudiation (*ibid.*, p. 384).

(1) C'est qu'elle ne peut plus présenter les offrandes et les vases aux sacrifices. Tel est, du moins, le motif que donne le commentateur du *Siao-hio*, Tchen-siuen, *loc. l.*

(2) Une variante notable est donnée par Tchou-hi et par Tchen-siuen dans le *Siao-hio*, *ibid.*, § 130, p. 95, 96. L'espèce serait celle, non point d'un mari, mais d'une épouse enrichie, qui aurait passé d'une condition basse et pauvre à une fortune brillante et à un rang distingué.

(3) Ces trois fins de non-recevoir sont depuis longtemps écartées dans le cas d'adultère, la loi obligeant le mari à renvoyer l'épouse coupable. V. Aubaret, p. 142, et Philastre, *Etudes sur le droit annamite et chinois*, t. I, p. 540. Paris, 1876.

(4) Celui-ci régna de 89 à 106 après J.-C.

(5) *Niu-hien-chou* (livre des lois pour le sexe), tel est le titre de l'ouvrage. Le P. Amyot, qui l'a traduit, a aussi donné la vie de l'auteur (*Mém. sur les Chinois*, t. III, p. 368 et s.).

due au mari, disant que la femme n'a rien en propre, qu'elle
apporte tout à celui qui doit concentrer ses préoccupations dé-
sormais. En revanche, l'homme ne se remariera jamais qu'après
la mort de sa femme, ou, si c'est de son vivant, pour des raisons étroitement déterminées (1). Quant à l'épouse, elle est
pour toujours rivée à sa première union. Fût-elle devenue
veuve, le convol équivaudrait pour elle au déshonneur. Tel est
le code des convenances pour les personnes de haut rang.

VIII

Nous ne parlerons que brièvement de l'Amérique, les plus
profondes ténèbres environnant le berceau des peuples indigènes. L'histoire positive du Mexique ne commence qu'à l'in-
vasion des Aztèques sur l'immense plateau de l'intérieur, qui
portait le nom d'Anahuac. Les Toltèques, qui ont précédé, sont
un peuple à demi légendaire comme les Pélasges prédécesseurs
des Grecs. Au delà de l'apparition des premiers civilisateurs
sur les côtes mexicaines, au début de notre ère environ,
aucun fait, aucun détail législatifs ne sont spécifiés dans les
tableaux hiéroglyphiques ou les traditions orales des Mexicains.
Mais quelle que soit la date de la colonisation de l'Amérique,
la vieille civilisation de ce pays paraît s'être développée sur
place, et elle vit encore dans les ruines imposantes, dans les
mystérieux débris que l'on retrouve à Tulhà, à Palenqué et
dans le sol de Mayapan.

Ce serait une induction bien hardie que de faire remonter à
ces temps éloignés les règles qui régissaient le mariage au
moyen âge américain et notamment pendant la brillante période
de l'empire Aztèque. Chez ce peuple, le mari put, dès l'origine,
user de la répudiation. Au moment de la conquête européenne,
le divorce était fréquent, et il pouvait s'obtenir de la façon sui-
vante : Les époux qui vivaient en mésintelligence se présentaient
devant les juges. Ceux-ci, après avoir reçu leur plainte, es-
sayaient de les réconcilier. S'ils n'y parvenaient pas, forcés
qu'ils étaient alors d'admettre le divorce, ils évitaient de le

____

(1) V. les plaintes touchantes d'une impératrice répudiée dans le *Che-king*
(livre des vers), traduit par Pauthier, II° partie, sect. VIII, chant V, t. II, p. 346
de la *Biblioth. orient.* Paris, 1872.

sanctionner par leur déclaration. Ils feignaient de repousser la demande et congédiaient les plaignants avec rudesse. C'était le signe convenu qu'on leur rendait leur liberté (1).

Le partage des biens avait lieu ensuite. A dessein, semble-t-il, que le sexe féminin eut toujours un appui, on décida que le père garderait les filles ; la mère, les fils. Sous peine de mort, les époux divorcés ne pouvaient plus se réunir (2).

Au Pérou pas plus qu'ailleurs, nous n'avons de notion précise sur les civilisations primitives, quoiqu'elles aient été florissantes, paraît-il. La plupart même des lois et des ordonnances rendues par les Incas ont péri (3). Le peuple doux et mou qu'ils gouvernaient offre un contraste frappant avec les Aztèques. Il s'est développé dans la vallée de Cuzco et a longtemps vécu heureux et sans histoire sous la surveillance jalouse et l'autocratie paternelle de ses rois. Son code, s'il en avait un, renfermait peu d'articles ; mais il était d'une grande sévérité. La désobéissance à la loi, c'est-à-dire à l'ordre du *Fils du Soleil*, était regardée comme un sacrilège. Une des dispositions que nous connaissons décide que l'adultère commis soit par le mari, soit par la femme, sera indistinctement puni de mort (4).

Le droit d'avoir des concubines, à côté de la femme principale, était accordé aux grands. Ils y voyaient un moyen de réformer leurs rangs, presque exclusivement décimés par la guerre (5).

Au nombre des cas de répudiation, il en est un que l'historien et le descendant des Incas nous signale, c'est celui où la

(1) V. Torquemada, *De los veynte y un libros rituales y monarquia Indiana*, l. XIII, c. xv, t. II, p. 441 s. Madrid, 1723. — Cet auteur fait pourtant remarquer qu'au dire de certaines personnes, les juges devaient rendre une sentence définitive et catégorique de divorce.

(2) Herrera, *Histor. gener. de los hechos de los Castellanos en las Islas*, etc. déc. III, liv. II, ch. xvii, t. II, p. 93. Madrid, 1601. — Montesquieu a loué la pensée qui dicta la prohibition mexicaine (*Espr. des lois*, XVI, 15); nous avons rencontré pareille inspiration chez les Juifs. L'auteur de l'*Examen critique de l'Esprit des lois* (Amsterdam, 1751, p. 108) nous paraît injuste dans ses reproches sur ce point. Torquemada (p. 444), n'a pas manqué de rapprocher la situation des Mexicains de celle des Israélites.

(3) Garcilasso de la Vega, *Hist. des Yncas*, liv. V, ch. xi, trad. de Baudoin, t. II, p. 443. Amsterdam, 1704.

(4) *Tres relaciones*, etc. *Relacion de los costumbres antiguas de los naturales del Piru*, XVI, p. 202. Cf. Garcilasso, *op. laud.*, l. IV, c. xix, t. II, p. 387.

(5) Garcilasso, *Hist. de la conquête de la Floride*, 1re partie, livre I, ch., iv, p. 6, dans le second volume de l'*Histoire des Yncas*, éd. de 1727. Amsterdam.

femme fréquente des personnes de mauvaise vie, malheureux troupeau qu'une mesure d'hygiène morale reléguait à la campagne en les dispersant dans des cabanes isolées (1).

Les Indiens de la Floride, comme ceux du Pérou, avaient chacun une femme unique. Si une exception était admise, c'était ici encore pour la classe aristocratique (2). Ils pratiquaient sans intervention de la justice le droit de répudiation et changeaient d'épouse à leur fantaisie, sous une condition toutefois : c'était de ne pas avoir d'enfants du mariage qu'ils voulaient rompre. La femme répudiée pour fait d'adultère ne pouvait reprendre ses biens (3). Son châtiment ne se bornait pas là. Dans la province de Tascaluça, le mari, s'érigeant en bourreau, la perçait de ses flèches ; dans la province de Coça, l'épouse coupable était bannie à la suite d'une parade et d'une semonce humiliantes devant le peuple rassemblé (4).

Quant aux mœurs des autres peuplades américaines, elles variaient d'une région à l'autre. Les Outaïas n'admettaient la répudiation que pour les raisons les plus fortes, et ils donnaient à la femme faussement accusée et à la famille de celle-ci un droit de vengeance éclatante. D'un autre côté, chez les Iroquois et les Loups, les époux se prenaient et se quittaient au gré de leur caprice. Les Illinois ne permettaient pas de rompre le mariage quand il en subsistait des enfants. A la Nouvelle-France, aujourd'hui le Canada, on voyait souvent des jeunes gens prendre à titre d'épouse une compagne qui les accompagnât dans une chasse ou une traite. Le mariage finissait avec l'expédition (5).

En somme, les populations du Nouveau-Monde étaient livrées, au moment de la conquête, à des mœurs souvent cruelles, généralement dissolues. Les Aztèques étaient sanguinaires. Dans certaines parties de la Floride, on massacrait les filles, de crainte que, prenant un jour des maris chez les tribus ennemies, elles ne vinssent à renforcer les rangs de

<hr>

(1) *Id.*, *Hist. des Yncas*, livre II, ch. XIV, t. II, p. 369, éd. de 1704.

(2) Garcilasso, *Conq. de la Flor.*, *loc. l.*

(3) Torquemada, *l. l.*, p. 444.

(4) Garcilasso, *eod. op.*, 2° partie, liv. I, ch. XIII, p. 136-137.

(5) Consult. Nicolas Perrot, *Mémoire sur les mœurs, coutumes et religions des sauvages de l'Amérique Septentrionale*, ch. VII, p. 22 et 83. Paris, 1864. V. aussi les témoignages que cite ce véridique et sagace observateur.

ces dernières (1). Des indigènes de la Floride, Torquemeda nous dit encore : *Se casaban unos con otros los hombres como que conviniese* (2). Un des souverains du Pérou, Capac Yupanqui, eut à réprimer le même fléau dans diverses localités de son Empire. L'immoralité prenait les temples mêmes pour théâtre de ses ébats (3). Dans certaines provinces, le dévergondage des jeunes personnes était leur meilleure recommandation pour s'établir, et le nombre de leurs aventures garantissait leur mérite à ceux qui demandaient leur main (4). Dans d'autres endroits se pratiquait au profit des parents et des amis du fiancé, un privilège analogue à la légende connue, chez nous, sous le nom de *droit du seigneur* (5).

IX

Ce serait une curiosité tentante que de rechercher parmi les épaves des législations grecques la part qui peut revenir à Minos en Crète, aux leçons de Pythagore à Crotone, à Philolaus dans la ville de Thèbes, à Zaleucus dans la colonie de Locres (6), à Charondas, qui donna des lois à Rhegium, à Catane et aux villes chalcidiennes d'Italie et de Sicile (7). Il serait intéressant encore de noter, à Thurium, une institution qui appartient, on peut le croire, à la Grèce tout entière, et qui perpétue par les mâles le culte domestique et la famille chargée de l'entretenir (8) : nous voulons parler de l'obligation

(1) Torquemada, XIII, IX, t. II, p. 426.

(2) *Ibid.*, p. 427.

(3) Garcilasso, *Hist. des Yncas*, liv. I, ch. XIV, t. I, p. 57, éd. de 1704. V. encore Pedro de Cieça, *Chronica del Peru*, ch. XLIX, p. 43, et ch. LXIV, p. 53, éd. de Séville, 1553.

(4) Garcilasso, *ibid.*, p. 56. — Des antécédents matrimoniaux de ce genre sont encore appréciés des Lapons. V. le *Voyage de Laponie* dans les *Œuvres de Regnard*, t. I, p. 100. Paris, Lequien, 1820.

(5) Pedro de Cieça, ch XLIX, p. 42.

(6) Consult. les fragments plus ou moins authentiques de Stobée (*Serm.* XXXVIII, p. 229; XLII, p. 279, et XLIII, p. 304. Zurich, 1559). V. surtout Diod., XII, 19 à 21. *Add.* Elien. *V. H.*, XIII, 24, et Maxime de Tyr, *Dissert.*, XXVII, 8, p. 106, Didot.

(7) V. Diodore, XII, 11-20. Cet auteur ferait à tort de Charondas le législateur de Thurium. — Aristote, *Polit.*, II, 9, § 50. — Stobée, *Serm.* XLII, p. 290.

(8) C'est ainsi qu'à Athènes, dont nous nous occuperons bientôt, pour assurer le service ininterrompu des repas offerts aux morts, un archonte veillait à ce que les maisons ne devinssent pas désertes : ὅπως ἂν μὴ ἐξερημῶνται (Isée, *De Appollodori hered.*, 30, *Oratores attici*, t. I, Didot).

imposée au proche parent d'une héritière de la prendre pour épouse (1). Un autre trait caractéristique est la disgrâce légale, l'exclusion des magistratures infligée au veuf qui se remarie, ayant des enfants d'un premier lit. Enfin, on pourrait relever une précaution prise contre l'humeur volage des époux : il était interdit de se remarier à un conjoint plus jeune que celui qu'on avait quitté. Mais laissons-là ce détail qui nous mènerait trop loin. Bornons-nous à dire que sur le tronc commun des vieilles traditions, la plupart des cités helléniques greffent des institutions indépendantes. Il ne suffirait donc pas ici d'étudier le droit attique en le donnant, comme on l'a fait sur d'autres points (2), pour le type du droit grec. Si complètement que l'on soit aujourd'hui revenu de la prétendue opposition admise entre l'esprit dorien et l'esprit ionien (3), il faut compter sur de notables différences entre les deux régimes de lois qui s'appliquent au mariage.

Nous ne remonterons pas aux contemporains d'Homère. A cette époque, le divorce paraît n'être pas connu ou du moins pratiqué (4). La femme, en particulier, serait absolument privée du droit de répudiation (5).

(1) C'est là une coutume évidemment imitée de l'Orient. On s'en convaincra en faisant un retour sur la législation israélite. Le livre des *Nombres* (XXVII, 1 à 8; XXXVI, 8) nous montre le mari recevant, avec la main de l'orpheline, l'héritage dévolu à celle-ci. Lui-même ne peut être choisi que dans la *tribu* de l'épouse, — nous ne disons pas la *famille*, comme Gide (*Condition de la femme*, p. 571), et Dareste (*Code rabbinique*, *Journal des Savants*, 1884, p. 309), qui restreignent trop le choix. Montesquieu (V, 5) avait déjà commis cette exagération qu'ont évitée Pastoret (*Hist. de la législ.*, t. IV, p. 4 et 458), Munk (p. 204), et Rathery (*Recherch. sur l'hist. du droit de success. des femmes*, — *Rev. de lég.*, 2e sem., 1843, p. 65). Le premier enfant mâle sera inscrit sous le nom de l'aïeul décédé. — Dans l'Inde, la fille unique restée sans père ni mère doit être mariée au plus tôt par ses collatéraux; à la naissance d'un fils, le mari sera dessaisi de l'héritage qui était comme en dépôt entre ses mains (Manou, IX, 130, 132. Cf. Yâjnav., II, 51, p. 53). Les frères ou cousins ne sont pas astreints à demander la main de l'orpheline.

(2) Ganz, *Das Erbrecht in weltgeschich. Entwick.*, t. I, p. 281. Berlin, 1824.

(3) V. les analogies qu'ils présentent dans *Panath.*, §§ 63, 64, 81, 82, *Œuv. d'Isocrate*, trad. par le duc de Clermont-Tonnerre, t. II, p. 347 à 377. Didot, 1863.

(4) Cf. Gide, p. 193. — On peut citer pourtant l'exemple de Priam remplaçant par Hécube sa première femme qu'il marie à Hyrtacus (Apollod., *Bibliothec.*, III, 12, § 5). — Quant aux exemples d'Hercule (Apollod., *ibid.*, II, vi, 1. Diod., IV, 31), et de Jason (Diod., IV, 54), ils appartiennent à la légende plutôt qu'à l'histoire.

(5) Les guerriers avaient leurs captives pour concubines, ce qui rendait les

X

La législation de la Crète offre un intérêt récent et neuf d'exploration.

Cette île belliqueuse et commerçante, qui comptait trois villes importantes et dont les institutions ont été naguère éclairées d'un jour piquant par la loi retrouvée de Gortyne, admettait le divorce. Il était destiné à limiter l'accroissement de la population, accroissement qu'en d'autres pays cette institution paraissait favoriser (1). En Crète, on avait adopté d'autres mesures, qui nous sont aussi signalées à Thèbes, pour prévenir l'excédent des naissances (2). Ces mesures, indiquées, parfois approuvées par Platon et Aristote (3), consistaient dans la réclusion des femmes, les mariages tardifs, l'avortement, les amours contre nature (4). La même préoccupation, on l'a conjecturé, a pu suggérer une pratique que nous trouverons à Sparte et dans d'autres villes de la Grèce. Une même femme aurait eu pour maris plusieurs frères (5),

répudiations à peu près superflues. Nous savons, d'autre part, la persistance avec laquelle Ménélas réclama Hélène, qui redevint sa compagne après la chûte de Troie. V., d'ailleurs, *Odyss.*, X, v. 60 s., où sont peintes les mœurs simples de ce temps.

(1) Aristote, *Polit.*, II, 7, § 4.

(2) Cette préoccupation n'empéchait pas le législateur de pousser au mariage et d'user même de contrainte à cette fin (Strabon, X, 4, 20).

(3) Aristote, *Polit.*, II, 3, § 6; 4, § 3; 9, § 7. IV, 12, §§ 6, 9, 10, 12. VII, 14, § 10. — Platon, *Républ.*, V, p. 89-90, t. II, éd. Didot. (Cousin entend le passage dans le sens que nous proposons. *Œuvr. de Platon*, t. IX, p. 277-278). Cf. *Lois*, V, p. 343; XI, p. 474.

(4) L'immoralité envahit de bonne heure la Crète. V. Elien, *De nat. animal.*, V, 1; Sextus Empiricus, *op. l.*, III, 24, p. 176, et bon nombre de témoignages rassemblés par Meursius, *Creta*, liv. III, ch. XIII (*Opera omnia*, t. III, c. 486 et suiv., éd. Lami). — Les Crétois ont eu, à cet égard, une réputation détestable, et ce n'est pas l'interprétation de fantaisie donnée à leurs coutûmes par un philosophe écrivant *oratorio modo*, Maxime de Tyr (*Dissert.*, X, 8, c. 106), qui tiendra en échec l'autorité de vrais historiens. Meursius, qui adopte l'opinion de Maxime, nous paraît ici, comme en bien d'autres points, pécher par un parti-pris d'admiration naïve. Cet érudit est bien jugé par Thonissen (*Le Droit pénal de la républ. athén.*, p. 318). Cf. Giraud, *Du droit de succession chez les Athéniens. Rev. de lég.*, 2º semestre, 1842, p. 97.

(5) Polyb., *Hist.*, XII, 6, 8, éd. Didot, p. 508 : Πάτριον ἦν καὶ συνῆθες τρεῖς ἄνδρας ἔχειν γυναῖκα ἀδέλφους ὄντας. Nous adoptons la version de M. Schweighœüser. Cf. Claudio Jannet, *Les institutions sociales et le droit civil à Sparte*, 2ᵉ éd., p. 89. Devas, p. 65. — M. Fustel de Coulanges (*Du droit de propriété à Sparte*, Acad. des scienc. mor., 1880, p. 644) croit qu'il est fait allusion à une coutume

et les enfants nés de ces singulières unions devaient être
communs comme leur mère (1). Au sixième siècle avant notre
ère, au temps même où Solon fleurissait à Athènes, nous ren-
controns encore une institution qui ne se manifeste pas seulement en Crète, mais que nous avons déjà vue à Thurium et
qui rappelle les habitudes de l'Inde. Quand une orpheline était
laissée par son père à la tête d'un héritage, les collatéraux les
plus proches devaient réclamer sa main, et cette héritière,
dite *patroïoque*, devenait leur épouse, lui fallut-il rompre
pour cela un mariage antérieur. Cette coutume, qui excita
plusieurs révolutions en Grèce, au dire d'Aristote (2), ne nous
est pas connue dans tous ses détails. Nous ne savons pas exac-
tement quelles sont les règles qui régissaient, en pareil cas,
la rupture du lien primitif. Elles paraissent avoir remplacé une
législation plus ancienne et plus dure.

Nous aurons terminé sur la question du divorce, en Crète,
en disant que la femme reprend les biens qu'elle avait apportés
à son époux et qu'elle partage avec lui certains acquêts, enfin
qu'une indemnité lui est allouée, si la séparation a lieu par la
faute du mari (3).

La Crète n'a que trop atteint le but auquel elle tendait. Elle

dont nous parlerons, p. 32, qui a déjà été signalée pour l'Inde (p. 19 *supra*), et
qui permet au mari impuissant de se donner un substitut. Cependant, l'hypo-
thèse de la polyandrie n'a rien d'inadmissible, si l'on estime, avec l'auteur du
Mémoire, que l'indivision régnait entre frères, tout au moins pour le κλῆρος ou
portion de terre attribuée par le partage primitif (Plutarq., *in Hesiodum*, XX, 2).
C'est le motif pour lequel la coutume susdite s'est perpétuée en d'autres pays.

(1) Les voyageurs ont rapporté l'existence de communautés semblables au
Thibet. Le peu de fertilité du sol y pousse les frères à faire ménage ensemble.
On en trouvera un exemple dans le poème intitulé : *L'heureux présage* (*Choix
de poésies orient.*, recueillies par Fr. Michel, p. 114-115. *Bibl. Laurentie*).
Certaines contrées de l'Himalaya offrent le même spectacle. Il a été aussi
signalé à Ceylan, où l'on se propose de resserrer ainsi le lien de la famille et
de concentrer la propriété. V. sur les pays où la polyandrie est encore appli-
quée : *Du brahmanisme et de ses rapports avec le judaïsme et le christianisme*, t. I, p. 234 et s., par Mgr Laouenan, 1884. Consult. aussi Sir J. E. Ten-
nent (*Ceylan*, II, p. 430, 5ᵉ éd.) sur les communautés singhalaises, et J.-H. Nelson
(*Study of the Hindu Law*, p. 103) sur celles qui régnent dans certaines castes
élevées de l'Inde. — La polyandrie était encore signalée par les auteurs anciens
chez les Bretons (César, *De bello gallico*, V, 14) et chez les Arabes où elle était
pratiquée dans les plus larges conditions (Strabon, XVI, IV, 25).

(2) *Polit.*, V, 3, §§ 3 et 4.

(3) Voy. la loi de Gortyne, traduite et commentée par M. Dareste, *Nouv. Rev.
hist. de droit*, 1886, p. 251.

est morte d'épuisement et de pénurie d'hommes , au point qu'elle ne voulut pas, au jour du péril, réclamer sa part dans la défense de la liberté hellénique et entrer dans la ligue destinée à repousser le roi de Perse (1).

Faute de documents suffisants, nous ne nous occuperons pas d'Argos, de Corinthe, de Mégare et d'Ephèse. Attachons-nous aux deux législations qui ont surtout fixé les regards de la postérité, celle de Lycurgue et celle de Solon.

XI

Vers 820 avant notre ère, Lycurgue, comprenant ce qui pouvait assurer la prépondérance à son peuple, au milieu de tant de voisins divisés, l'arma pour la lutte et l'organisa comme un camp (2). Les lois de la pudeur plièrent devant les encouragements donnés à l'esprit militaire et l'entraînement aux exercices corporels. Le mariage fut proposé comme un devoir patriotique (3). L'époux qui n'avait pas d'enfants se faisait suppléer pour en obtenir (4).

Si l'on pouvait prêter sa conjointe, on pouvait aussi la répudier : il suffisait qu'on la crut stérile (5). Aucune dot n'étant

---

(1) Hérodote, VII, 169.

(2) V. la critique éternellement vraie que fait Aristote (*Pol.*, II, 6, § 22) de cette organisation artificielle, et un peu auparavant (§§ 5 à 9) l'appréciation qu'il porte sur l'éducation masculine donnée aux femmes.

(3) Ἦσαν δὲ καὶ ἀγαμίου δίκαι πολλαχοῦ, καὶ ὀψιγαμίου, καὶ κακογαμίου ἐν Λακεδαίμονι (Pollux, III, 48, éd. Bekker. Berlin, 1846). — V., sur la peine infligée au célibat, Plut., *Lycurg.*, 15; *Lysand.*, 30. — Athénée, XIII, *pr.*, p. 555.

(4) *Gouv. des Lacédémon.*, I, 7 (Œuvr. de Xén.). Ménandre, fr. 185. Platon, *Lois*, IV, p. 330, t. II, Plutarq., *Pyrrhus*, 26 et 28 ; *Lycurgue*, 15. A en croire Plutarque, c'était un moyen inventé pour guérir les Spartiates de la jalousie. D'autres disent que Lycurgue voulait assurer ainsi la propagation et la beauté de la race. Consultez, sur ce point, Polybe, XII, 6. Nicolas de Damas, *De moribus gentium*, Lacedæmonii, 114, t. III, p. 458. — V. encore l'anecdote rapportée par Strabon, VI, 3, 3. — Nous ne citons pas le cas de la mère de Démarate (Hérod., VI, 68); rien ne dit ici que le mari ait donné son consentement.

(5) Cf. Hérod., V, 39. — Anaxandride, dont la femme était stérile, se refusa au divorce, mais consentit à devenir bigame, sur le conseil même des éphores. Le fait était d'ailleurs exceptionnel, ποιέων οὐδαμά Σπαρτιητικά (*ibid.*, 40). Cf. Pausanias, III, 3, 9. — V. encore Hérod., VI, 63 : l'infécondité du mariage d'Ariston fut au moins le prétexte que celui-ci invoqua pour divorcer. Certains auteurs pensent que de simples particuliers n'auraient pu répudier leurs femmes pour une raison pareille. Cf. Gronovius, *Thesaurus græc. antiq.*, t. V, p. 2615ᵇ. Leyde, 1699.

apportée au mari (1), ni la fortune n'était un attrait ni la pauvreté un obstacle au mariage ; le divorce n'était pas paralysé davantage par la crainte de perdre des apports matrimoniaux. Aucune formalité ne l'entravait (2), et le mari en usait sans réciprocité (3).

La dissolution du lien par consentement mutuel n'apparaît nulle part dans la loi lacédémonienne.

Conformément à la coutume générale répandue dans les Etats grecs, l'héritière qui avait perdu son père devait être demandée en mariage par son cousin issu de germains ou tout autre parent plus rapproché (4), ce parent fût-il marié et dût-il briser son premier mariage (5). Cette héritière dite ἐπιπάμων, ἐπιπάματις (jointe au patrimoine), en dialecte dorien, n'aurait pu, sans cette alliance, conserver la succession paternelle et continuer la famille. Le parent qui se dérobait à un devoir aussi étroit, imposé par des considérations politiques, subissait une peine. Il pouvait d'ailleurs contraindre la volonté de l'orpheline et l'obliger elle-même à divorcer, si elle était engagée dans un premier lien. Le fils né du nouveau mariage devenait κύριος de sa mère, quand il atteignait l'âge d'homme, et il prenait possession des biens.

La curieuse coutume qui attribuait une épouse unique à plusieurs frères apparaît surtout à Sparte, comme nous l'avons dit, et elle a dû y favoriser aussi les calculs restrictifs des naissances. On a imaginé, d'après un texte de Plutarque, que Lycurgue voulait borner chaque famille à un seul héritier. Polybe, qui nous fait connaître les associations polyandriques de frères, signale un expédient plus certain, destiné à ralentir l'accroissement des familles : le mari qui avait des enfants en nombre suffisant, disposait de sa femme en faveur de ses amis (6).

____

(1) Justin, *Hist.*, III, 111. — *Lacæn. incert. apophth.*, 23 (Œuv. de Plut.). Athénée, XIII, *pr.*, p. 555. Elien, *Variæ hist.*, VI, 6 : Γαμεῖν δὲ ἀπροίκους ἔτι. — Mais les femmes étaient dotées du temps d'Aristote (*Polit.*, II, 6, § 11).

(2) Hérod., VI, 62.

(3) Athénée, *ibid.*, nous montre Lysandre puni pour avoir, par pur caprice, répudié sa femme.

(4) Hérod., VI, 71 ; VII, 204-205.

(5) Cette coutume n'existe plus du temps d'Aristote (*Pol.*, II, 6, § 13). Les rois furent longtemps chargés de la faire observer (Hérod., VI, 57, 5).

(6) Plutarq., *Fragm.*, XI, 20, t. V, p. 24, éd. Did. — *Gouvern. des Lacédémon.*, I, 9. — Polyb., XII, 6. — Cf. la loi dorienne de Théra, qui est aujourd'hui bien connue. V. R. Dareste, *Nouv. Rev. hist.*, 1882, p. 249 et s.

Tant de règles étranges se comprendraient mal, si l'on n'y voyait une toute autre inspiration que celle du libertinage. Le désordre des mœurs n'en était pas moins favorisé, et il fut grand chez les Spartiates. Le divorce était rare, il est vrai, mais c'est grâce aux succédanés qui lui étaient offerts (1). Si tant est que l'adultère fût, à l'origine, inconnu (2), l'avortement puni (3), si l'éducation de l'enfance était, à certains égards, surveillée avec soin, en revanche les amours contre nature ont régné là plus que partout ailleurs (4). La décence y était ignorée. Les femmes, comme les hommes, se montraient presque nues dans ces jeux gymnastiques, qui n'ont pas médiocrement contribué, à Sparte comme en Crète, au développement des amitiés infâmes (5). D'ailleurs, les auteurs qui ont recueilli les traditions de l'anti-

(1) Il est piquant de voir Gronovius (*loc. l.*) vanter l'économie de lois pareilles.

(2) Plutarq., *Lycurg.*, 15 *in fine*. Les assertions de cet auteur, et en particulier la dernière, ont besoin de contrôle. V. Fustel de Coulanges, *l. l.*, p. 108, et Rod. Dareste, *Plaidoy. civils de Démosthène*, t. II, p. 295. — Les Spartiates souhaitaient à leurs ennemis des compagnes infidèles. V. Suidas, v° Δαχνόμενος. Au nombre des adultères célèbres à Sparte figure celui d'Alcibiade, qui séduisit la femme d'Agis. Comme on lui en faisait des reproches, il répondit qu'il avait simplement voulu infuser son propre sang à la race régnante à Lacédémone (Athénée, XII, 9, p. 535; Justin, *Histor.*, V, 2); Plut., *Agésilas*, 3).

(3) Galien, XIX, p. 179, éd. Kühn. Cpr. Caillemer dans le *Diction. des antiq. grecq.*, v°. Ἀμβλώσεως γραφή. V. encore Stob., *Serm.* 73, *in fine*.

(4) Moins qu'ailleurs, pensent Clavier (*Hist. des premiers temps de la Grèce*, t. II, p. 128) et M. H.-A. Martin (*Hist. de la femme*, t. II, p. 18). Mais il suffit de renvoyer à Athénée., XIII, 8, p. 602, parlant des facilités données à la jeunesse célibataire de Sparte. Les preuves abondent dans le même sens. V. Aristophane, *Fragm.*, 322, p. 490, Didot. Hesychius, vⁱˢ Κυσολάκων et Λαχονίζειν. Photius, *Lexic.*, *item.*, t. III. Leipsick, 1808. Suidas, v° Λαχονίζω, et enfin Cicéron, *De rep.*, IV, 4, qui montre qu'à Elée et à Thèbes la démoralisation était pire encore, et qu'elle avait la loi même pour complice. Cela dit, peut-on croire les auteurs tels que Maxime de Tyr (*Dissert.* XXVII, 8, p. 106) et Elien (*V. H.*, III, 12), qui voudraient donner un caractère purement platonique aux amitiés spartiates ? L'auteur de l'*Amator. lib.*, V, 10 et 11 (Œuvr. de Plutarq.), a vu la réalité des choses sous l'illusion ou la tromperie des mots. Cf. Montesquieu, VII, 9.

(5) Platon, *Lois*, I, p. 271. Cic., *l. l.* — *Amat. lib.*, V, 9. Cf. Eurip., (*Andr.*, v. 595) qui attribue au mélange des sexes dans les palestres la précoce corruption des jeunes filles spartiates. Mart., IV, épigr. 55, v. 4 et s. De pareils témoignages infirment l'éloge que l'auteur du *Gouv. des Lacéd.* (c. II) et Plutarque (*Lycurg.*, 15 et 18) font des mœurs spartiates. Ces historiens se démentent d'ailleurs, le premier ch. xiv, le second dans la biographie d'*Agis*, III, 1, et dans *Lyc. et Numæ comp.*, 5. — Aristote parle aussi de la démoralisation des femmes à Sparte (*Pol.*, II, 6, § 5). Voy. encore Cornel. Nepos, *Præfat.* : *Nulla Lacedæmoni tam est nobilis vidua, quæ non ad lenam eat, mercede conducta*. Nous suivons la leçon donnée par de Calonne (Panck.). M. Monginot (Hachette) lit : *ad scenam eat.*

quité fournissent des renseignements caractéristiques sur la façon dont le peuple de Lycurgue faisait les frais et pratiquait les devoirs de l'hospitalité (1).

Cette démoralisation était à prévoir. Avant même que Sparte ne fût déchue de cette grandeur factice, vers laquelle tous les ressorts de la vie sociale étaient tendus, avant que le luxe (2) et la cupidité (3) ne l'eussent envahie, à l'issue des expéditions contre la Perse, du pillage de l'Asie (4), et enfin du transport dans ses murs des richesses d'Athènes, disons plus, avant même d'arriver au quatrième siècle, l'orgueilleuse république, où les femmes avaient honte de filer et méprisaient les vertus de leur sexe, portait déjà la peine de sa hauteur, de sa dureté, de son mépris des lois de la nature. La corruption y suscitait au mariage la plus anormale et la plus hideuse des compétitions. Là encore la disette d'hommes entraîna la ruine de l'Etat (5).

----

(1) Athénée, XIII, ΙΙ, p. 566, dit bien qu'on avait la coutume γυμνοῦν τὰς παρθένους τοῖς ξένοις. Mais Meursius (*Miscellan. laconic.*, lib. I, cap. XIX, tome III, c. 151ᵖ) fait observer, et son opinion parait juste sur ce point, qu'il y a là une simple allusion au costume peu décent des Laconiennes. Athénée parle, ce semble, de la γυμνοπαιδία, genre de fête célébrée en l'honneur d'Apollon, dans les pays doriens. Mais, à côté de ce fait, Hesychius, vᵉ Λακωνικὸν τρόπον, Photius, *eod. vᵉ*, et Suidas, *item*, disent la facilité avec laquelle les femmes se livraient à leurs hôtes. Ces mœurs-là existent encore en divers pays. Les voyageurs prêtent aux Singhalais la coutume de mettre la maîtresse et les jeunes filles de la maison à la disposition des étrangers (*Indo-Chine*, *Ceylan*, par M. Dubois de Jancigny, p. 640. *Univ. pitt.*). Regnard (*Voy. de Lap.*, p. 102) en dit autant des Lapons. Cf. *supra*, p. 14, note 6, Q. Curce parlant de Babylone.

(2) Aristot., *Politiq.*, II, 5, § 6.

(3) *Inst. Laconic.*, 42 (Œuvr. de Plutarq.). — Phyllarch., XXV, 43, t. I, p. 346. Frag. histor. græc., Didot. — Aristot., *Polit.*, II, 9, §§ 14, 19, 23, 27.

(4) Hérod., IX, 84.

(5) Arist., *Pol.*, II, 6, § 12, t. I, p. 512, éd. Didot : ἀπώλετο διὰ τὴν ὀλιγανθρωπίαν. Aristote parle des citoyens, cela est vrai. Si le restant de la population s'était maintenu en nombre, il faudrait exclusivement attribuer les vides qui se produisirent à d'autres causes que le mouvement décroissant de la natalité ; mais la fécondité des mariages, en général, ne paraît pas suffisamment démontrée par le récit de la conspiration de Cinadon (Xénoph., *Helleniq.*, III, 3), qu'invoque M. Fustel de Coulanges (p. 192). Ne sait-on pas, d'ailleurs, que la vie était chère à Sparte en même temps que le luxe y fut répandu ? Les occupations lucratives n'étaient exercées que par un nombre d'hommes assez restreint. Enfin Aristote (*Polit.*, II, 6, § 13) ne nous apprend-il pas que, lorsqu'un père de famille avait plusieurs enfants, c'étaient autant de pauvres qu'il laissait dans ce monde : πολλῶν γινομένων, τῆς δὲ χώρας οὕτω διῃρημένης, ἀναγκαῖον πολλοὺς γίνεσθαι πένητας. Evidemment le vice a concouru avec les circonstances économiques pour tarir la source de la population.

XII

Athènes si policée, la Grèce de la Grèce, comme on disait jadis, n'a pas méprisé la pudeur, comme Sparte; pas plus que sa rivale, elle ne l'a pratiquée. On ne peut apprécier, à travers tant de siècles, ce qu'ont pu être les lois de Dracon. Sûrement celles de Solon ont constitué un adoucissement et un progrès. Cependant ce législateur si vanté a voulu limiter, lui aussi, l'accroissement des familles. Peut-être l'établissement de communautés polyandriques a-t-il servi ses projets (1). Un autre fait, prémédité ou non, a concouru à la diminution du nombre des naissances : c'est l'insuffisance des mesures prises pour réprimer, parmi les hommes libres, la coutume si répandue des amours contre nature. Elles n'ont été interdites absolument qu'aux esclaves (2). Le législateur s'est méfié de l'influence qu'ils exerçaient, en qualité de pédagogues notamment. Ajoutons qu'il dut voir d'un œil défavorable tout obstacle apporté au croît de ce bétail humain.

Du reste, il importe que le nombre des citoyens libres ne diminue pas. Le célibat sera puni (3). Les liens du mariage seront relâchés par crainte de la stérilité. Le mari qui n'a pas d'enfants appellera à son aide la fécondité d'autrui (4). La femme qui a un héritage paternel à transmettre, l'*épiclère* (ἐπίκληρος, dans le dialecte ionien), recourt fréquemment à cet expédient pour devenir mère (5). Le mari peut aussi aliéner définitive-

---

(1) Consult. sur la mise en commun des femmes et des enfants, les observations critiques d'Aristote, *Pol.* I, 1 § 7, et II, 1, § 8 et suiv. — Sur l'indivision des biens, v. Harpocration, vᵒ Κοινωνικῶν, éd. Dindorf, Oxford, 1853. — *In Evergum et Mnesibul.*, 34 (Œuvr. de Démosth.), *Adv. Leocharem*, 10 (*ibid.*). — Cf. *De fraterno amore*, 1 (Œuvr. de Plutarq.). Il n'est pas indifférent de rappeler la réserve avec laquelle il faut accueillir les assertions de droit et de fait émanées des avocats athéniens. V. sur ce point Albert Desjardins, *Essai sur les plaidoyers de Démosthène*, p. 71, 1862. Cf. Giraud, *l. l.*, p. 98.

(2) Telle est bien la pensée qui paraît respirer dans Eschine, *Contra Timarch.*, 139 (*Oratores attici*, tome II). V. d'ailleurs Plutarque, *Solon*, 2, et la note 4 de Ricard sur ce texte (*Vie des hommes illustres*, par Plutarque, t. I, p. 259). *Add. Amator. lib.*, IV, II. Consultez encore Pastoret, t. VI, p. 149.

(3) Le fait a été contesté. V. cependant *De amor. prol.*, 2 (Œuvr. de Plutarq.). Cf. l'annotateur de Pollux, VIII, 40, éd. Dindorf. Leipsick, 1824.

(4) Plutarq., *Solon*, 20, § 5. C'est à un proche parent que l'on doit s'adresser.

(5) C'est sans préjudice du droit au divorce dont nous allons bientôt **parler**. V. Isée, *de Menecl. her.*, 7 (*Orat. att.*, t. I).

ment ses droits et, en répudiant son épouse, lui choisir un nouveau conjoint (1).

L'adultère de la femme est un cas de divorce, nous ne disons pas facultatif, mais imposé au mari (2). Une peine sanctionne son obligation. D'autre part, l'épouse infidèle ne peut se remarier avec son complice, et elle est frappée d'une flétrissure légale (3).

La faculté de répudier paraît accordée sans limitation de cas; mais elle trouva un obstacle dans la dot, qui, à un moment donné, accompagna tout mariage (4). Solon avait, dit-on, proscrit l'apport dotal, à moins qu'il ne fût fait par l'épiclère; il voulait par cette défense rendre les mariages désintéressés (5).

(1) Au dire de Tertullien (*Apolog.*, 39, p. 35, Rigault.), Socrate serait dans ce cas : « .. *Græci Socratis et Romani Catonis, qui uxores suos amicis communicaverunt, quas in matrimonium duxerant, liberorum causa et alibi creandorum, nescio quidem an invitas.* » V., en ce qui regarde Caton, p. 44, *infra.* Démosthène, *Pro Phormione*, 29, rapporte un trait semblable. — Inutile de rappeler le divorce de Stratonice, qui eut lieu à la cour macédonienne des Séleucides (Val. Max., V, 7. — Plut., *Demetrius*, 38. — Lucien, *De Syria dea*, 17, 18).

(2) *In Neær.*, 86, 87 (Œuvr. de Dém.).

(3) *Ibid.*, 85., 87. — Esch., *C. Tim.*, 183. Une sorte d'immunité pénale est accordée aux courtisanes attitrées. V. une des *comediæ palliatæ* de Térence, *Eunuch.*, acte V, sc. V, v. 959. V. aussi la loi de Solon, citée par Sam. Petit, *Leges atticæ*, p. 473. Rome adopta la même règle. V. Quintilien, *Instit. orat.*, VII, 3, Suétone, *Tiber.*, 35, et la loi 29 Cod. *Ad. leg. Jul. de adulter.*, 9, 9. Quant à l'adultère du mari, il n'est réprimé, par la loi d'Athènes, que dans les cas les plus graves, quand la femme est, par exemple, délaissée pour une rivale (*Schol. in Aristoph. Equit.*, v. 399, *Comic. fragm.*, p. 36, Didot. — Harpocration, vᵒ Κακώσεως. — Diog. Laerce, IV, 3, 17, *Polemo*, p. 97, éd. Didot). La réclusion des femmes rendait la preuve difficile, d'ailleurs, et l'on sait la tolérance qui régnait pour la fréquentation des hétaires. Joignez à cela qu'il fut permis, à notre avis du moins, d'avoir une *concubina* à côté de l'*uxor*. Si le texte d'Isée, *De Philoctom. her.*, 21, et l'*Adv. Boetum*, II, 27 (Œuv. de Démosth.) ne prouvent pas la légalité du fait, Diogène Laerce est très catégorique : Γαμεῖν μὲν ἀστὴν μίαν, παιδοποιεῖσθαι δὲ καὶ ἐξ ἑτέρας, (II, 5, 26, *Socrates*, p. 39). Peu importe que la facilité dont parle l'historien ait été donnée, comme il le croit, par une loi expresse, ou qu'elle ait sa source dans l'usage.

(4) Isée, *De Pyrrh. her.*, 28 et 29, 35 à 39. — Cf. *In Neær.*, 52, et *Adv. Boetum*, II, 26. — *Vid. tam.*, les exemples donnés par Isée, *eod. loc.*, 29 et 38, et par Lysias, *De bonis Aristophanis*, 17 (*Orat. att.*, t. I), enfin voy. *Adv. Boetum*, II, 20.

(5) La femme pouvait seulement apporter quelques meubles de valeur modique (Plut., *Solon*, 20). Samuel Petit (p. 451), Meursius (*Themis attica*, I, 14, t. II, c. 40), Gide enfin (p. 92, note 1), veulent que cette limitation s'applique au trousseau, φερνή, et non à la dot, προίξ, mot que Plutarque n'emploie pas ici. Le texte résiste à cette distinction subtile. Cf. Barrilleau, *De la constitution de*

Quand cette disposition fut abrogée (1), la constitution régulière de la dot et l'obligation de la rendre, à la dissolution du mariage (2), arrêtèrent les Athéniens sur la pente du divorce (3).

La femme a-t-elle le droit de répudiation? Oui, à la condition que sa vie, sa santé ou ses mœurs soient mises en péril. Parfois, elle est contrainte de prendre l'initiative du divorce : c'est lorsque son père est mort ne laissant qu'elle pour recueillir l'hérédité. Elle est judiciairement attribuée à l'agnat le plus proche (4). Fréquemment les maris se virent ainsi dépossédés (5). Il est vrai qu'il leur arriva de conjurer le danger en abandonnant aux compétiteurs les biens de la femme, au lieu de la femme même qu'auraient pu réclamer ces derniers (6).

----

dot dans l'ancienne Grèce (*Nouv. Rev. hist.*, 1883, p. 165). M. Caillemer, qui entend aussi sans distinction le texte de Plutarque (*De la restitution de la dot à Athènes*, p. 7 et suiv.), regarde comme douteuse la promulgation attribuée à Solon. Il s'explique plus amplement ailleurs ; et, faisant observer qu'on mettait au compte de ce législateur toutes les lois anciennes, il voit dans la défense de doter une coutume aryenne importée en Grèce (*Congrès des orientalistes*, Lyon, 1878, p. 212 et suiv.). — V. encore les idées de Platon sur la dot. *Lois*, VI, p. 344 et 366, éd. Didot.

(1) Déjà nous voyons Callias, du temps de Pisistrate, constituer à chacune de ses trois filles une dot magnifique et dont on garda le souvenir (Hérod., VI, 22).

(2) Pour plus de détails, v. *In Neær.*, 52, et les observations de Samuel Petit, p. 457, sur la lecture de ce texte. *Adde* Suidas, v° Σίτου δίκη, et Isée, *De Pyrrhi hered.*, 78.

(3) Isée, *ibidem*, 28, 29 et 36. Cf. dans le même sens, Alb. Desjardins : *Mémoire sur la condition de la femme dans le droit civil des Athéniens*, p. 15.

(4) L'agnat, s'il était marié, devait, pour se prêter à cette combinaison, répudier sa première femme (Dem. *Contra Eubulidem*, 41 ; *Adv. Onetorem or. I : Libanii argumentum*). — L'obligation d'épouser l'orpheline cessait cependant, quand celle-ci était *in thetico ordine*, c'est-à-dire avait moins de 150 médimnes de revenu. Si elle était encore à établir, il suffisait qu'on la dotât (*Adv. Macartat.*, 54. Œuv. de Dém.).

(5) Isée, *op. laud.*, 64 : τοῖς ἐγγύτατα γένους ἐπιδίκους ὁ νόμος εἶναι κελεύει, καὶ πολλοὶ συνοικοῦντες ἤδη ἀφήρηνται τὰς ἑαυτῶν γυναῖκας. Aussi les pères de famille prévoyants avaient-ils soin d'adopter leur gendre. Quand leur fille n'était pas mariée encore, ils évitaient toute difficulté en disposant d'elle par testament en faveur d'un de ses proches. Il suffisait que ce dernier fut du nombre des collatéraux au degré de cousin issu de germain. En présence d'un tel lien, le privilège du parent le plus rapproché disparaissait, et celui-ci ne pouvait plus réclamer l'épiclère. Il avait seulement droit à une indemnité représentée par la moitié des biens. V. Giraud, p. 115.

(6) Isée, *De Aristarch. her.*, 19. La coutume que nous venons de mentionner est le pivot de la pièce du *Phormio*, et Térence y fait encore allusion dans les *Adelphes*, act. IV, sc. V, v. 654 et suiv. On se demande comment la démocratie

Quand à la procédure du divorce, elle se borne, pour le mari demandeur, à une déclaration devant témoins, qui est plutôt habituelle qu'imposée (1). Est-ce la femme qui se plaint, elle s'adresse, sans intermédiaire (2), à l'archonte éponyme, sous la protection duquel Solon a placé les personnes de son sexe. L'épouse d'Alcibiade se rendait directement auprès du magistrat pour lui exposer ses griefs, lorsque son mari la rencontra sur le marché et la ramena au logis (3).

Les enfants, en cas de divorce, restent auprès du mari (4).

La femme doit évidemment retourner chez son père ou chez le parent qui eût été son κύριος, en supposant qu'elle ne se fût point mariée (5).

Le divorce par consentement mutuel a-t-il jamais régné à Athènes? Le fait paraît certain (6), bien qu'un passage d'Euri-

grecque a pu accepter une règle aussi tyrannique. Giraud, qui croit à l'existence de palliatifs inventés par la pratique (p. 117), résout la difficulté de principe en disant (p. 114) que l'exemple de l'antiquité tout entière prouve ce fait : « *L'esclavage domestique est parfaitement compatible avec la liberté politique.* » M. Fustel de Coulanges (*La cité antique*, 10° édit. p. 267) s'exprime plus énergiquement encore. Pour lui, les anciens n'avaient pas même l'idée de la liberté. Toutes leurs prétentions se bornaient à l'acquisition des droits politiques.

(1) Lysias, *Contra Alcib. or.*, I, 28 : Ἱππόνικος δὲ πολλοὺς παρακαλέσας ἐξέπεμψε τὴν αὑτοῦ γυναῖκα.

(2) M. Van den Es (*De jure familiarum apud Athenienses*, p. 419 et s., Leyde, 1864) croit que l'intervention du κύριος est ici imposée, conformément au droit commun. V. en sens inverse Sam. Petit qui cite une loi de Solon, p. 459. On espérait, dit-il avec Plutarque, que l'archonte désarmerait la plaignante par la persuasion. Cf. Dareste, *Plaid. civ. de Dém.*, t. I, p. 85, note 9.

(3) Plut., *Alcib.*, VIII, 6 et 7; cpr. le discours attribué à Andocide, *C. Alcibiad.*, 14. V. enfin Isée, *De Pyrrhi hered.*, 78.

(4) Démosth., *C. Eubul.*, 40 à 43.

(5) Consult. Meursius, *Themis attica*, lib. II, cap. IX, tome II, c. 85ᴬ. — Gide, *op. l.*, p. 84. — Dareste, *ibid.*, et introd., p. XXX. — Nous n'avons pas parlé d'une action ἀποπομπῆς et d'une action ἀπολείψεως qui auraient été données, la première au mari, la seconde à la femme, pour mettre en œuvre le divorce dont la légitimité était contestée. D'autres disent que la dernière action était destinée à punir la femme qui abandonnait son mari, la première à punir le mari qui congédiait à tort son épouse. V. Pollux, VIII, 46 et 47, ainsi que la note de Kuehn sur ce texte, éd. Dindorf. Cfr. Smith, *Dictionary of Greek and Rom. antiq.*, 2° éd., v° *Divortium*. On n'a pas de données suffisantes sur ces actions, dont il serait également téméraire d'affirmer (Ganz, p. 311) ou de nier (Van den Es., p. 49) l'existence.

(6) V. Isée, *de Menecl. hered.*, 9, qui montre que la dot est restituée même en ce cas. — C'est par consentement mutuel que Périclès se sépara de sa première femme (Plut., *Pericles*, XXIV, 9).

pide ait soulevé un doute à ce sujet (1). Quoi qu'il en soit, de bonne heure on en perd la trace.

Il convient d'ajouter aux facilités données pour la dissolution du mariage le droit arbitraire du père de famille, qui pouvait, à son gré, remplacer son gendre (2).

Athènes a eu tous les dons en partage, sauf ceux du caractère et de la moralité. Chez ce peuple enfant, qui n'a jamais mûri, comme dit le *Timée* (3), la mère de famille n'a pas eu la considération qui s'attachait à la matrone romaine (4). Elle passait sa vie enfermée dans le gynécée (5). La corruption des mœurs, les relations commerciales avec l'Asie et les exemples dangereux de l'Orient (6) ont contribué à cet état d'infériorité. Quoi d'étonnant d'ailleurs, dans un pays où la législation encourage, où la philosophie enseigne, où la morale publique

(1) *Médée*, vers 236, 237 :

Οὐ γὰρ εὐκλεεῖς ἀπαλλαγαὶ
Γυναιξὶν, οὐδ' οἷόν τ'ἀνήνασθαι πόσιν.

(2) Dém., *C. Spudiam*, 4. Le frère, après la mort du père, héritait de ce droit (Dém., *Adv. Onet. or. I : Libanii argum.* Isée, *De Cironis hered.*, 36. — Cf. *Organisation de la famille à Athènes*, par Cauvet. *Rev. de législ.*, 1845, t. III, p. 157; Caillemer, *Restitution de la dot*, p. 26 s.). — Quant à ce qu'on pourrait appeler le *concubinatus* ou union d'ordre inférieur, qui a été pratiqué à Athènes comme à Rome, le lien se formait et se rompait librement au gré de l'un ou de l'autre des conjoints. Isée (*De Pyrrhi hered.*, 24) pose bien la distinction de cette union et du mariage légal : Καὶ πῶς; ὥστε περὶ αὐτοῦ τούτου ὁ ἀγὼν ἦν ὁ τῶν ψευδομαρτυριῶν, ὃν Ξενοκλῆς ἔφευγεν, ἢ ἐξ ἑταίρας ἢ ἐξ ἐγγυητῆς τὴν ἑαυτοῦ γυναῖκα εἶναι. — Il ne peut être question d'un *mariage du droit des gens*, la loi interdisant, sous les peines les plus graves, de prendre en mariage une personne étrangère (*In Neæram*, 16. — Térence, *Andria*, acte IV, sc. VI, v. 781, argument a *contrario*). Celle-ci jouit-elle de l'ἐπιγαμία ou *connubium* en vertu de dispositions particulières ou de traités, nous avons alors affaire à un légitime mariage. Comme qu'il en soit, le *matrimonium injustum* des Romains ne trouve point place dans les lois d'Athènes.

(3) *Timée*, 22. t. II, p. 200 : Ἕλληνες, ἀεὶ παῖδές ἐστε, γέρων δὲ Ἕλλην οὐκ ἔστι.

(4) Un passage de Varron, rapporté par S. Augustin (*De civit. Dei*, XVIII, 9), donnerait à supposer que les femmes eurent les droits politiques, au début d'Athènes.

(5) Corn. Nepos, *Præf.*, marque bien le contraste des deux sociétés. Parlant des Romains, il dit : *Cujus materfamilias non primum locum tenet ædium atque in celebritate versatur ? Quod multo fit aliter in Græcia : nam neque in convivium adhibetur, nisi propinquorum, neque sedet nisi in interiore parte ædium, quæ gynæconitis appellatur, quo nemo accedit, nisi propinqua cognatione conjunctus.*

(6) V. Den. d'Hal., *Antiq. rom.*, II, 22, et les considérations qu'il présente à cet égard.

approuve les amours sans nom (1), de voir l'union conjugale descendre au rang où elle est aujourd'hui chez les Turcs?

XIII

Si ce n'est Romulus en personne, comme l'avance Plutarque (2), ce sont les vieilles coutumes qui, à Rome, ont introduit le divorce. Le mari seul peut en user, et encore doit-il prendre l'avis de la famille (3). Il ne pourra articuler que les faits suivants (4) : l'empoisonnement, l'adultère, l'ivrognerie, l'emploi frauduleux, autrement dit la falsification des clefs de la cave au vin. Ce dernier grief n'est pas déterminé par un texte bien sûr (5). Il est rendu vraisemblable par la rigueur avec laquelle les Romains mesuraient le vin aux femmes (6). Denys d'Halicarnasse ne mentionne pas l'empoisonnement ; c'est que, généralement, un pareil crime faisait encourir la peine capitale, rendant ainsi superflue la répudiation. La stérilité de la femme (c'est un fait qui contraste avec les tendances antiques) ne figure pas parmi les cas originaires (7). En dehors de ces cas, limita-

(1) V. dans [Lucien] les goûts qu'il prête aux philosophes, *Amor.*, 51. V. aussi Platon, *Rep.*, V, p. 95 ; *vid. tam.*, *Lois*, VIII, p. 407 et s. Xénophon, *Hiero.*, I, 31, 36. — *Amat. lib.*, IV. Nous indiquerons, à Rome, Martial, *Epigr.*, XII, 42, et Tac., *Annal.*, XV, 37, parlant du mariage du grand ami des Grecs, de Néron. On peut consulter encore sur ce lamentable sujet Cic. *De republ.*, IV, 5 : *Opprobrio fuisse adolescentibus, si amatores non haberent.* Corn. Nepos, *Præfat.*, tient un langage analogue. Un auteur peu lu du quatrième siècle, Nonnos, a, dans un poème réédité par le comte de Marcellus, donné un aperçu tristement exact des mœurs grecques. Voy. l'épisode d'Ampélos dans les *Dionysiaques*, chant X, v. 175 et suiv., p. 89. Didot, 1856. Enfin, saint Paul songeait particulièrement aux peuples helléniques quand il rappelait les abominations païennes. Voy. *Roman.*, I, 26, 27.

(2) *Vit. Romuli*, 22.

(3) Cp. Den. d'Hal., II, 8.

(4) Den., *ibid.* Plut., *eod. loc.* Pline, *Hist. natur.*, XIV, 14. Ce texte est cité *infra* p. 46, note 3.

(5) V., dans notre sens, Ceneri, *Lezioni su temi del jus familiæ*, p. 108. Bologne, 1881.

(6) Valèr. Max., II, I, 5 ; VI, III, 9. — A. Gell., X, 23. — Elien, *V. H.*, II, 38.

(7) On en tint compte plus tard (V. les textes cités, p. 49, note 1). Rome veillait au recrutement de la cité. Dès 351, les censeurs frappent d'un impôt les célibataires (Val. Max., II, 9, 1). Denys d'Hal. (IX, 22) dit plus : le mariage était obligatoire d'après les anciennes lois de Rome. Le souci d'assurer le renouvellement de la population apparaît dans le discours de Metellus Numidicus (A. Gell., I, 6) et dans le traité de Cicéron, *De legibus*, III, 3 : *Cælibes esse prohibento*, dit-il de la tâche des censeurs.

tivement déterminés au début, le mari qui renvoie sa femme est soumis à une pénalité. (1).

Le mariage romain n'est donc pas indissoluble. Nous excepterions les *nuptiæ confarreatæ* (2), à l'origine du moins. Plus tard la *diffarreatio* permit de rompre le lien ainsi contracté (3).

Signalons spécialement un cas qui rentre déjà dans l'exception précédente, l'union du *flamen dialis*. Jusqu'au temps de Domitien, il ne put divorcer avec la *flaminica* (4). L'obstacle au divorce, pour eux en particulier, provient du caractère sacerdotal dont ils sont revêtus et des fonctions qui leur sont confiées pour la vie entière (5).

La loi des douze Tables admet le divorce (6), mais toujours comme une faculté réservée au mari.

Du temps de Plaute, vers 563 R., un droit réciproque appartient à chacun des époux (7) : Heineccius (8) et plusieurs modernes à sa suite l'ont à tort contesté. Ils invoquent un fragment tiré du *Mercator* (9), mais qui prouve seulement l'insuffisance en soi de l'adultère du mari pour autoriser la rupture du lien. Diverses législations ont statué de même, tout en réservant à la femme, armée d'autres griefs, le droit de divorcer. D'ailleurs

---

(1) Plutarq., *Vita Rom.*, 22. Festus, *in Sonticum.*

(2) Den. d'Hal., II, 8. Apulée, Métam., VI, t. II, p. 36 et 38 (Panck.).

(3) Festus, v° *hoc.* Orelli, n° 2648.

(4) A.-Gell., X, 15. — *Quæst. rom.*, 50. Festus, v° *Flameo.* Servius, ad Virg., Aen., IV, v. 29. Tertull., *De Monog.*, XVII, p. 688ᵇ : *Pontifex Maximus et Flaminica nubunt semel* ; cfr. *De exh. cast.*, XIII, p. 672ᵃ. — Schupfer (*La famigl. sec. il dir. rom.*, V, 2, p. 164. Padoue, 1876) croit que l'indissolubilité n'a existé, au début, que pour le mariage du flamine. Cf. Voet, *Comment. ad Pand.*, 24, 2. Voigt, au contraire (*Die XII Tafeln*, t. II, p. 713, note 11), l'appliquerait à tous les prêtres.

(5) Sur les exigences de la profession sacerdotale, v. Tac., *Ann.*, II, 86. Seneq. Rh., *Contr.*, 1, 2. Cf. Marquardt, *Das Privatl. der Röm.*, 2ᵉ édit., p. 70.

(6) Cicéron, *Philipp.*, II, 28. Loi 43 D. *Ad leg. Jul. de adulter.*, 48, 5. Nonius Marc., IV, v° *Exigere*, p. 326, éd. Quicherat. V., pour le détail, Voigt, p. 710.

(7) Peu importe que la *manus* existe ou non. Cf. Voigt, *l. l.*, p. 714, et *Die lex Mænia*, § 8, p. 21. Mais Heineccius, *ad Pand.*, 24, 2 (t. VI, p. 408. Genève), Pothier, *eod. l.*, § 3, et M. Esmein (*Mélang.*, p. 15 et s.) refusent le droit de répudiation à la femme *in manu*, tout au moins sous la république ; à cette époque, selon M. Esmein, l'*uxor* était toujours *alieni juris*. V. la réponse faite à cette dernière assertion par M. Labbé, *N. R. hist.*, 1887, p. 11. Cf. E. Costa, *I luoghi plaut. rifer. al matr.* (*Bull. dell' istit. di dir. rom.*, 1889, p. 30 et s.).

(8) T. III, p. 243.

(9) Acte IV, sc. V, v. 3 et s.

Plaute nous montre nettement, dans le *Miles gloriosus*, une épouse feignant de rompre son mariage pour en contracter un nouveau (1). Non moins significatif est un second passage, où la femme mariée s'apprête à renvoyer son époux et à recouvrer sa maison dotale, ce qui lui permettra d'y recevoir impunément un tiers, en l'espèce le héros de l'intrigue, Pyrgopolinice (2). Plusieurs textes encore du vieux comique et certaines allusions au passé contenues dans des auteurs plus récents (3) attestent que, du temps de Plaute, la femme pouvait prendre l'initiative du divorce tout comme le mari.

Au demeurant, la *filiafamilias* aurait toujours la ressource de faire agir son propre père, lequel a eu, jusqu'à l'époque classique (4), le droit de répudier arbitrairement son gendre (5). Le tribunal de famille était, d'ailleurs, appelé à apprécier la légitimité du renvoi (6).

Les discussions élevées sur le droit réciproque ou non de divorcer, sont, pour une longue période de temps, dépourvues d'intérêt pratique. Le divorce, permis, n'était point pratiqué.

(1) Acte IV, sc. III, vers 1159-1163, éd. Ribbeck.

(2) Acte II, sc. V, vers 1272-1273, *ibid.*

(3) V. le langage d'Alcmène dans *Amphytrio*, acte III, sc. II, v. 1 et s. Cic., *Top.*, IV. Cf. Ennius, *Trag.*, v. 155, p. 108, éd. Vahlen. Afranius, v. 52 et s., *Com. lat.*, p. 147, éd. Ribbeck.

(4) Paul, *Sent.*, V, 6, 15 ; Ulp., 1, 5, D., *De lib. exh.*, 43, 30. V. surtout l'interdiction rappelée par Dioclétien, 5, Cod. Just. *de repudiis*, 5, 17. Cf. 11, *Cod. de nupt.*, 5, 4. *Adde* Ulp., 32, 19, D. *De don. int. vir. et ux.*, 24, 1, et l'addition proposée par Schulting, note 80 *ad Sent. Paul.* V, VI, 15 (*Jurisprudentia ante Justinianea*, p. 463, Leipsick, 1737). V. encore d'Ulpien, la loi 22, 9, D. *Solut. matrim.*, 24, 3, qui donne un argument a *contrario*, enfin la loi 4 D. *de divortiis*, 24, 2, qui suppose le père agissant au nom de sa fille en état de démence.

(5) V., en ce sens, la citation faite par Cicéron, ou du moins l'*auctor ad Herennium* (II, 24). Cf. Plaute, *Men.*, act. V, sc. II, v. 30 et s. *Merc.*, acte IV, sc. IV, v. 45 et s. Val. Max., VIII, 1.—*Fr. Vat.*, 116. V. aussi la note 3 *supra.* — Comment le droit du père était-il mis en œuvre ? A l'aide d'une revendication (Ulp., 1. 2, D., *D. R. V.*, 6, 1), à moins que sa fille ne fût *in manu mariti.* V. Schult., *l. l.*, qui pose justement cette restriction. Plus tard, le père dut faire jouer l'interdit *de liberis exhibendis* (Ulp., 1, 5, D., *De lib. exhib.*). Quand on dut compter avec le droit adverse du mari, et que celui-ci put reprendre sa femme retenue *invita* par son beau-père, il eut lui-même l'interdit *de uxore exhibenda ac ducenda*, que l'épouse fût restée ou non sous la puissance paternelle (Hermogenien, 2, D., *De lib. exhib.* — Diocl. et Maxim., 3, Cod., *eod. tit.*, 8, 8). Il avait, en outre, une exception pour repousser l'interdit ci-dessus donné au père (1, 5, D., *De lib. exhib.*).

(6) Val. Max., II, 9, 2. Plaute, *Slichus*, I, II, v. 73 et suiv.

L'ascendant des bonnes mœurs, favorisées sur ce point par les comiques, l'animadversion religieuse, le blâme des censeurs, ont, pendant des siècles, prévenu le fléau des passions inconstantes et des volages amours (1).

La première répudiation que l'on cite, pour le retentissement, sinon pour la date, est imputable à Spurius Carvilius Ruga. Encore ce malheureux, qui encourut un blâme, manqua-t-il à la foi conjugale par un autre genre de fidélité. Il avait donné sa parole au censeur de ne pas épouser une femme stérile, et son premier choix l'avait trompé. Ce prétendu début dans l'ère des divorces, a pris, on le voit, le caractère d'une légende. Montesquieu (2) et surtout Savigny (3) ont ramené les choses à leur vraie proportion.

Quant à la date du fait, elle est diversement donnée par les anciens eux-mêmes (4) : on peut la fixer sans témérité au sixième siècle de Rome.

La corruption qui suivit la prise de Carthage et de Corinthe, l'accumulation des richesses, la contagion grecque, encouragèrent le divorce, qui réagit à son tour sur la moralité publique, et, dans la dissolution générale, fut à la fois cause et effet. Faut-il rappeler les circonstances bizarres, souvent même scandaleuses, qui accompagnent les répudiations? Le sens moral fait défaut aux prêcheurs les plus austères. Caton d'Utique, dont le caractère a été loué outre mesure, cède sa femme, du gré de son beau-père, à Hortensius qui désirait avoir une postérité de choix; puis il la reprend, sur sa demande, quand elle est devenue veuve et qu'elle s'est enrichie par l'héritage de son mari d'entre-temps. Plutarque a révoqué le fait en doute (5), mais il est constant d'autre part. Plusieurs siècles

____

(1) Tel est le dire de Plutarque, A.-Gelle, Denys, Val. Max., Tertullien (V. la note 4 *infra*). Mais ces auteurs sont fort éloignés des premiers temps, et probablement embellissent-ils le passé en haine du présent. Des crimes caractéristiques attestent le désordre moral qui a souvent régné pendant l'âge d'or prétendu du mariage. V. T. Liv., X, 31.

(2) *Espr. des lois*, XVI, 16.

(3) *Ü. d. erste Ehescheid. in Rom.* dans *Verm. Schr.*, Berlin, 1850, t. I, p. 81.

(4) Val. Max. paraît se contredire, II, 9, 2; II, I, 4. A.-Gelle varie évidemment, XVII, 21; IV, 3. V. Den., II, 8. Plutarq., *Compar. Thesei cum Romulo*, VI, 5 et 6; *Lycurgi et Numæ comp.*, III, 2. Tertull., *De Monog.*, IX, p. 681ᵉ et *Apolog.*, VI, p. 7ᶜ.

(5) *Cato Minor*, XXV, et LII, 2. Cf. *Lyc. cum Num. comp.*, III, 2, 3, 4. Appien

après, Lucain en recueillait encore la tradition (1), et Strabon a soin de nous apprendre que c'était là l'application d'une vieille coutume (2). Un autre exemple à rappeler entre tant d'autres, nous est fourni par Paul-Emile. Il divorce avec Papiria, sans donner d'autre explication qu'un apologue qui paraît un ironique défi jeté à la censure du public (3). On cite les hommes et les femmes célèbres qui volèrent d'hymen en hymen. Sylla, Pompée, César, Antoine semblent également se jouer et du mariage et du divorce (4). Octave ôte Livie déjà enceinte à Tibérius Néron, son époux, et il a soin de prendre auprès des pontifes ce que la malignité contemporaine regarde comme un simulacre d'approbation (5).

Mille prétextes dérisoires sont allégués pour divorcer : mille motifs inavouables poussent en réalité au divorce (6). Vainement le censeur (7) et le tribunal domestique (8), puis le juge saisi par *le judicium de moribus* (9) avaient-ils essayé de re-

(*De bel. civ.*, II, 99) raconte simplement le trait. Tertullien, cité *supra*, p. 37, note 1, et S. Augustin, *De bono conj.*, XVIII, *in fine*, le rappellent.

(1) *Pharsal.*, II, v. 326, s. V. *suprà*, p. 1, note 2.

(2) XI, 9, 1 (παλαιὸν Ῥωμαίων ἔθος), p. 441. Consultez encore sur ce sujet, *Quintiliani declamationes*, CCXCI, t. VI, p. 175, éd. Lemaire.

(3) Plutarq., *Æmil. Paul.*, V, 1, 2, 3. Cf. *Conjugalia præcepta*, XXII.

(4) Cic., *Attic.*, 16, éd. Panck., t. LVIII. Dion Cass., XXXVII, 45, t. III, p. 254, éd. Gros (Didot). Suét., *Cæsar*, 6 et 74. La répudiation de la femme de César et le motif qu'il en donna se comprennent encore, mais non pas l'incroyable privilège qu'il était près d'obtenir. V. Suétone, 52, *in fine* : *Helvius Cinna, tribunus plebis, plerisque confessus est habuisse se scriptam paratamque legem, quam Cæsar ferre jussisset, quum ipse abesset, uti uxores liberorum quærendorum causa, quas et quot vellet, ducere liceret.* Dion Cassius (XLIV, 7, t. V, p. 240) assure que de pareilles faveurs étaient des pièges que les ennemis de César lui tendaient. — Au dire de Plutarque, d'ailleurs (*Demetrii cum Antonio comparatio*, IV, t. II, p. 1141), Antoine fut bigame : πρῶτον μὲν ὁμοῦ δύο γυναῖκας ἠγάγετο.

(5) Vell. Paterc., II, 79. Tac., *Ann.*, I, 10; V, 1. Suét., *Oct. Aug.*, 62. Acron, *ad Horat.*, l. III, od. VI, p. 126. Bâle, 1555. Dion Cass., XLVIII, 44, p. 384. *Vid. tam.*, p. 49 *infra*, note 2 *in fine*.

(6) Cf. Cicer., *Ep.* 243 : Cœlius Cicer., *Paulla Valeria soror Triarii divortium sine causa, quo die vir e provincia venturus erat, fecit. Nuptura est D. Bruto.*

(7) V. en preuve le discours de Caton, *De dote*, rapporté par A. Gelle (X, 23) : *Vir, cum divortium fecit, mulieri judex pro censore est. Imperium quod videtur habet.*

(8) Suet., *Tiber.*, 35 : *Matronas prostatæ pudicitiæ, quibus accusator publicus deesset, ut propinqui, more majorum, de communi sententia coercerent, auctor fuit.*

(9) A.-Gelle, X, 23; XVII, 21. Val. Max., II, 9, 2. V., sur ce *judicium*, Paul

monter le courant en punissant les répudiations trop légèrement faites ou les graves écarts qui avaient donné lieu aux répudiations (1). Vainement l'obligation de restituer la dot, imposée en cas de divorce, fit-elle espérer que les maris hésiteraient à rompre le lien conjugal (2). Ils se contentaient de conserver la portion retirée à l'épouse à raison de son inconduite (3). Ils s'unissaient à des femmes impudiques pour réaliser ce gain après la répudiation que ne manquait pas de motiver l'infidélité de leurs compagnes (4). Les Romaines, d'autre part, n'étant plus protégées par leur vertu contre l'humeur changeante des maris, perdaient l'intérêt qu'elles avaient à bien vivre (5). L'adultère était le fruit du divorce comme il avait été sa source originaire et son prétexte légal.

Ainsi s'accroissait chaque jour le discrédit du mariage. Le législateur voulut y remédier par voie d'autorité. Mais, on l'a remarqué, les lois caducaires qui punirent le célibat, favorisèrent indirectement le scandale du divorce, en multipliant les unions faites sans choix et les liens mal assortis. On se maria pour avoir des héritages et non pas des héritiers (6). Elles sont de-

---

5, pr., D., *De pact. dot.*, 23, 4. Papin., 39, D., *Sol. matr.*, 24, 3. Cf. Paul, 20, pr. D., *De pact. dot.*, avec l'addition que suggère Cujas (*Observ.*, lib. XI, cap. 29). — Charondas, note 42, *ad tit.*, VI, § 13. Ulp. (*Jurispr. ante Justin.*, p. 586) dit de ce *judicium* : *Quod actio malæ tractationis dicebatur. Competebat autem ad viri aut uxoris mores accusandos ut divortii culpam a se in alterum rejiceret.* Cf. la *scholia ad Quintil. Declam.*, CCLXII, *l. l.*, p. 80. On peut vérifier l'exactitude de cette définition dans *Inst. orat.*, lib. VII, cap. III et IV. V. encore *Declam.*, CCCLXXXIII, *l. l.*, p. 502. Nous voyons ici une poursuite analogue à celle que nous nommerons, à Athènes, κακώσεως γραφή, et qui permettait de punir entre autres les mauvais maris. Consultez, note 3 *in med.*, p. 37, *supra*, trois textes grecs mentionnés.

(1) César et Tibère s'inspirèrent évidemment de cette tradition dans les deux actes de rigueur rapportés par Suétone (*Cæsar*, 43 — *Tiberius*, 35 *in fine*).

(2) A.-Gelle, IV, 3.

(3) Ulp., *Reg.*, VI, 10, 12. *Fr. Vat.*, 106, 107. Cf. aussi à *contrario*, Cic., *Top.*, 4. La retenue put s'élever longtemps à la totalité de la dot. V. le cas cité par Val. Max., VIII, II, 3. Cf. Horac., *Sat.*, I, II, v. 133. Pline, *Hist. nat.*, XIV, 14 : *Cn. Domitius judex pronuntiavit mulierem videri plus bibisse quam valetudinis causa, viro insciente, et dote mulctavit.* Plutarq., *Vita Marii*, XXXVIII, 4 et 5. Quand on limita la perte de la dot, on le fit pour ménager à la femme la facilité d'un nouvel établissement. V. Schulting, *ad Ulp.*, VI, 10, note 33, p. 585.

(4) Plutarq., *ibid.* Val. Max., *eod. l.*

(5) V. le tableau que trace Sénèque, *Epist.*, 95.

(6) V. *De Amor. prol.*, 2, tome III, p. 597 : ὡς Ῥωμαίων πολλοὶ γαμοῦσι καὶ γεννῶσιν, οὐχ ἵνα κληρονόμους ἔχωσιν, ἀλλ' ἵνα κληρονομεῖν δύνωνται.

venues banales, les épigrammes de Sénèque (1), de Juvénal (2),
de Martial (3)! Dira-t-on que les satiriques et les moralistes
sont des juges suspects de leur époque? Les historiens et les
jurisconsultes obtiendront plus de foi. Or, ils témoignent eux
aussi de l'entraînement général. Sous l'Empire, le divorce était
presque devenu le mode normal de dissolution du mariage (4).

Les formalités imposées pour la rupture du lien conjugal auraient pu enrayer le mouvement. Que fit-on à cet égard ?

Le divorce par consentement mutuel, *bonâ gratiâ*, ne fut
jamais réglementé (5). Mais, à dater d'Auguste, qui aimait les
bonnes mœurs (6), chez les autres tout au moins, il fallut,
pour répudier, manifester cette volonté devant sept témoins.
Ainsi le décida la loi Julia *de adultériis* (7), qui entendait d'ail-

----

(1) *De beneficiis*, III, 16.

(2) *Satyr.*, VI, v. 143, 224 ; IX, v. 75.

(3) VI, 7 ; X, 41.

(4) V. *Turiæ laudatio* : *Rara sunt tam diuturna matrimonia finita morte,
non divertio interrupta.* — Properce, IV, xi, v. 36 : *... uni nupta fuisse legar.*
— 240, Dig., D. V. S. Cf. Acc., *Précis de droit rom.*, I, n°⁸ 97 et 372 (4° éd.).
Glasson, *Le mariage civil et le divorce*, 2° éd., p. 176. — Voy. aussi le discours d'Auguste dans Dion Cass., LVI, 2 et s., t. VIII, p. 6 et suiv. Le même
auteur rapporte que, lors de sa promotion au consulat, il trouva inscrites trois
mille accusations d'adultère : τρισχιλίας γοῦν ὑπατεύων εὗρον ἐν τῷ πίνακι ἐγγεγραμ-
μένας (Dio, LXXVI, 16, t. X, p. 318). V. encore Tac., *Annal.*, II, 85 ; Suét., *Tib.*,
35.

(5) G⁻⁸, I, 137. Festus, v° *Remancipatam.* 14, C., *De nupt.*, 5, 4. Nov., XXII,
4. Vid. tam. Schlesinger, *U. d. Form d. Ehesch.* (*Ztschr. f. Rechtsgesch.*, t. V,
p. 208 et s.).

(6) *Divortiis modum imposuit* (Suét., *Oct. August.*, 34). Du reste, son but
principal était d'augmenter la population.

(7) Loi unic., § 1, *in fine*, D., 38, 11 (*Unde vir et uxor*), 35, D., 24, 1 (*De don.
int. vir et uxor*), 43, D., 48, 5 (*Ad leg. Jul. de adulteriis*),—7, 8, 9, D., 24, 2 (*De divortiis*),—6, Code 5, 17 (*de repudiis*).—Il faut remarquer que l'affranchie ne pourra
jamais, aux termes de la loi *Julia de maritandis ordinibus*, envoyer à son
patron le *libellus repudii* (Modestin, 10, D., *De divortiis* ; Ulpien, *L. unic.*,
§ 1, D., *unde vir et uxor*), tout au moins pour en tirer le droit de prendre
un nouvel époux (Ulpien, loi 11 pr., D., *De divortiis*. Voyez les corrections qu'y
introduit Schirmer, *Die formlose Scheidung nach der lex Julia*, dans *Zeitschrift
für Rechtsgeschichte*, t. XI, p. 355 s. — Cfr. Ulp., 45 pr., D., *D. R. N.*, 23, 2 ; Alex.,
1 Cod., *De inc. nupt.*, 5, 5, et 8 C., *De oper. libert.*, 6, 3 ; Nov., XXII, cap. 37).
Voilà une exception notable apportée au droit commun. Faut-il signaler une
dérogation d'une autre sorte, portant celle-ci, non plus sur le droit de divorcer,
mais sur la formalité exigée pour le faire ? M. Esmein (*Mélanges*, p. 120) croit
que le patron répudiait tacitement l'affranchie en intentant contre elle une accusation d'adultère. Heineccius émettait déjà, quoique vaguement, la même
opinion (*Ad leg. Jul. et Pap. Popp.*, lib. II, cap. XII, t. III, p. 249. Cf. Pothier,

leurs fixer le point de départ de certains délais légaux : délai
de poursuite en adultère, délai donné à la femme pour le
convol obligatoire en secondes noces (1), enfin délai pendant
lequel les esclaves ne pourraient être aliénés ou affranchis (2).

Pareillement, Auguste établit ou confirma diverses peines au
regard des époux dont les torts de conduite auraient donné lieu
au divorce (3). Enfin une jurisprudence complémentaire es-
saya de déterminer les causes en dehors desquelles la répudia-

§ 24, ad Pand., 23, 2). Peut-être la loi 11, 2, De divort., que ces auteurs analysent,
suppose-t-elle que le *libellus*, antérieurement envoyé par l'affranchie, avait déterminé une nullité relative, analogue à certaines décisions admises en matière
de société. Alors le patron rompt, par son accusation, le nœud qui liait encore,
sans réciprocité, la *liberta* envers lui. Si l'on rejette cette explication, il faut, pour
mettre Ulpien d'accord avec lui-même, se borner à dire que l'initiative susdite,
ou tout autre du même genre, prise par le patron, rend à l'affranchie la liberté
du convol. Mais on ne saurait voir ici une rupture proprement dite du lien conjugal, effet déjà produit, aux yeux du jurisconsulte, par la manifestation de volonté émanée de la femme. — Du reste, en dehors de ce cas douteux, il existe
encore des répudiations tacites. Etant donné deux conjoints, l'un ingénu,
l'autre affranchi, si l'époux ingénu ou son père se laisse nommer sénateur, il
y a divorce (28 C., De nuptiis, 5, 4). Il y faut joindre le cas d'une adoption
qu'un beau-père ferait de son gendre ou de sa bru, tandis que leur conjoint
resterait en puissance (67, 3, D. R. N. Cf. Théophile, ad 2, Inst., I, 10).

(1) Voy. infra, p. 49, note 2, in fine.

(2) V. Ulp., XIV, et les lois 12 pr., 14 pr. et § 4. D., qui et à quib. manum,
40, 9. La loi Julia de adult. qui, à certains égards, entrava le divorce, le favo-
risa par diverses de ses dispositions, par exemple en obligeant à répudier
l'épouse surprise en adultère (2 et 29, pr., Ad l. J. de ad.), obligation que le
censeur avait déjà dû introduire en pratique. V. encore Suét., Tib., 35. La loi Papia
Poppæa, en punissant les unions stériles, poussa aussi au divorce, quand ce ne
fut pas à l'adultère. V. Juv., IX, v. 87 s. Auson., Epigr., 88 : Jurisconsulto, cui
vivit adultera conjux, | Papia lex placuit, Julia displicuit. L'interprétation
d'Heineccius (op. l., lib. II, c. xix, t. III, p. 330) ôte à ces vers toute leur
causticité.

(3) Pomponius, 19 D., D. V. O., 45, 1. Ulp., Reg., VI, 10, 12 et 13. Selon
divers auteurs, le taux des retentiones que peut opposer le mari soumis à
l'action rei uxoriæ, a été fixé par une loi qui date de Caton, et non de
l'époque impériale. En ce sens paraît être la Novelle de Théodose le Jeune,
liv. I, tit. XII, De repudiis. V. encore Hugo, Hist. du dr. rom., t. II, p. 47,
note 4. Quant à l'idée même des retentiones, Boëce (lib. VI, Ad Cicer. Top.,
t. V, p. 378 de l'édition de Cicéron par Orelli. Zurich) croit qu'elle a jailli de
la formule large de l'actio rei uxoriæ. — Un judicium publicum a été aussi
institué par la susdite loi Julia; il entraîne confiscation de la moitié de la dot,
et cette confiscation ne fait pas obstacle, en certains cas du moins, à la retenue normale que peut réclamer le mari ; tel serait le cas, selon nous, où un
extraneus se serait porté accusateur (4, D., De bonis damnatorum, 48, 20.
Cf. 4, 2, D., Ad legem Juliam de adult.). V. Esmein, Mélanges, p. 150 et s.

tion serait, sinon inefficace, du moins frappée d'une pénalité (1).

L'influence latente du christianisme, qui commençait à se répandre et dont les apologistes eurent parfois accès auprès des empereurs, ne fut pas étrangère à cette louable tendance. Mais elle ne se dessina énergiquement et ne se traduisit par des effets sensibles que sous les princes chrétiens, lorsque l'Evangile prit officiellement place dans la loi (2).

(1) Hermogénien, 60, 1; G^us, 61; Hermog., 62, pr. D., *De donat. int. vir. et uxor.*, 24, 1. Ulp., 22, §§ 7 et 8. D., *Soluto matrim.*, 24, 3. Ulp. 4, Julien, 6. D., *de divortiis.* Papin., 11, § 13, *A. l. Jul. de ad.* Suet., *Nero*, 35. Oct. Aug., 62, Claud., 26. Cf. Plut., *Pomp.*, XLII, 6, et *Quintil. Declam.*, CCLI. Nous n'avons pas cité Paul, 8 D. *De capt. et postl.*, 49, 15, les derniers mots paraissant être une interpolation de Justinien. — Y avait-il des formalités spéciales à remplir pour le cas où la femme était *in manu mariti?* La *diffarreatio* permit, à un moment donné, de dissoudre les *nuptiæ confarreatæ* (V. *supra*, p. 42). Lorsque la *manus* provenait de l'*usus* ou de la *coemptio*, le mode de libération était celui-là même qui servait à affranchir de la puissance paternelle (G., 1, 166. Ulp., *Reg.*, XI, 5). La femme pouvait contraindre son mari à l'employer (G., 1, 137).

(2) Nous n'avons parlé que du mariage essentiellement romain, des *justæ nuptiæ.* Quant au *matrimonium injustum*, il nous est connu d'une manière insuffisante, et l'on peut en dire autant du *concubinatus.* Dans le premier cas, c'est probable, dans le second, cela est certain (cf. Baronius, *ad. ann.*, 306), la rupture du lien s'opérait sans formalités. — On remarquera que nous n'avons pas indiqué, comme effet du divorce, à qui appartient la garde des enfants. C'est que, sur ce point, le droit commun n'a reçu d'atteinte qu'à une époque tardive. En vertu de la *patria potestas*, c'est au père que restent les enfants (*Hecyra*, acte IV, sc. IV, v. 76 et 77. Boëce, II, *l. l.*, p. 303). V. dans notre sens Ed. Laboulaye, *Recherches sur la condition civile et politique des femmes*, p. 52. — Nous n'avons pas à signaler, pendant la période dont nous nous sommes occupé, d'obstacle définitif ou temporaire apporté par le divorce à un second mariage. La femme est exemptée pendant dix-huit mois des déchéances caducaires (Ulp., XIV), mais aucun délai d'attente ne lui est imposé. Réservons cependant le cas qui fut soumis par Octave à la jurisprudence des pontifes, et décidé par eux conformément aux traditions peut-être (Dion Cass., *l. l.*, p. 45 *supra*, note 5). Ils posèrent que Livie aurait dû retarder sa nouvelle alliance, si l'enfant dont elle paraissait enceinte n'eût été déjà reconnu, en qualité de père, par le premier mari. Il faut le dire, Cujas, rappelant ce fait (*Observ.*, lib. VI, c. XXXVII, t. III, c. 159^a, éd. Naples), a complètement dénaturé la pensée et le récit de Dion.

TABLE

TOULOUSE. — IMP. A. CHAUVIN ET FILS, RUE DES SALENQUES, 28.